나는 대우조선의 사외이사였다

나는 대우조선의 사외이사였다

신광식

도서출판 나루

대우조선해양 옥포조선소 전경

2013년 4월. 대우조선해양 옥포조선소 본관에서 (왼쪽 두번째가 필자)

2013년 7월. 대우조선해양 계열사에서 (왼쪽 두번째가 필자)

프롤로그

내 인생의 '블랙 스완(Black Swan)'

2012년 여름, 나는 나씸 탈레브Nassim N. Taleb가 쓴 『The Black Swan: The Impact of the Highly Improbable』을 흥미롭게 읽었다. 탈레브는, 사람들이 '스완은 모두 희다(white swan)'고 믿고 있을 때 (우리는 swan을 '흰 새', 즉 백조(白鳥)라 부른다) 1697년 호주에서 '블랙 스완black swan'이 발견된 일을 얘기하며, '개인의 삶이나 사회, 역사에 엄청난 영향을 미치는, 예측 불가한 사건'을 '블랙 스완'이라 불렀다. 세상을 변화시키는 것은 우리가 알고 있는 정상적인 일들이 아니라 가끔 터지는 '블랙 스완' 사건이라는 것이 그의 메시지였다. 그의 책이 아니더라도, 우리는 살면서 '누구도 예측하지 못한 사건이 터져 개인이나 사회에 충격적인 영향을 미치는 것'을 보게 된다. 소련 연방해체, 911 테러, 글로벌 금융위기 등이 그런 예다.

몇 년 뒤, 탈레브가 얘기한 '블랙 스완' 사건이 내게 발생했다. 그 직전까지 나는 경제학자로서 공정거래정책 등을 연구하며 직장인으로 평탄한 삶을 이어왔고, 계속 그럴 줄 알았다. 그런데 2015년 7월, 내가 사외이사를 했던 대우조선에서 분식회계 사건이 터졌다. 졸지에 나는 '대우조선을 망친 거수기 사외이사'라는 비난을 받게 됐고, 투자자들로부터 2천2백억 원대 손해배상청구 소송을 당해 패가망신할 위기에 처했다.

예상치 못한 재앙이 닥친 순간, 왜 하필 내게 이런 일이 생기는지 납득할 수 없었고, 그것이 괴로웠다. 하지만 논리적인 답을 할 수 있는 의문이 아니었다. 누구에게나 생각지도 못한 큰일이 발생할 수 있는 것이다. '블랙 스완' 사건이 언제든 일어날 수 있다는 것을 알고 대비해야prepare 한다는 탈레브의 권고가 마음을 파고들었다.

소송은 전쟁과 같았다. 거액의 손해배상을 청구한 투자자들, 청구를 당한 대우조선과 회계법인에게는 '쩐의 전쟁'이지만, 나에게는 '생존을 위한 전쟁'이었다. 반드시 이겨야 했기에, 절망하거나 평정심을 잃지 않으려고 애썼고, 상황을 객관적으로 보기 위해 내가 신뢰하는 사람들과 터놓고 상의하며 조언을 구했다. 여러 사람의 도움을 받아 천신만고 끝에 위기에서 벗어날 수 있었다.

이런 과정을 겪으면서 나의 삶, 사람들의 삶에 대해 많은 생각을 하게 됐다. 우리의 삶이 얼마나 많은 잠재적인 위험에 노출돼 있는지를 절감했고, 갑자기 큰 시련이나 재앙을 당한 사람들을 보면 절절한 마음이 들었다.

'잃어버린 시간'을 찾아서

2021년 2월 최초로 소송 사건의 결과가 나왔다. 나를 비롯한 사외이사들에 대해 면책 판결이 내려졌고, 그대로 확정됐다. 지난 5년 간의 모든 고통을 잊고 빨리 일상으로 돌아가고 싶었다. 그런데 시 간이 지나면서 마음속에서 '지난 5년은 잃어버린 시간인가, 내 삶에 무슨 의미가 있었던 것인가'라는 의문이 올라왔다. 경제학자로서, 역대급 파장을 일으켰던 대우조선 사태가 관련자들에 대한 사법 처 리와 대우조선의 회생으로 마무리된 것으로 잊혀버리고 그 진상과 원인을 성찰하고 교훈을 얻으려는 노력이 뒤따르지 않는다면, 사회 가 나아질 수 없다는 생각도 들었다. 결국, 나는 '대우조선을 망친 자'로 비난받던 사외이사였지만, 대우조선 사태로 인해 내게 발생 한 '블랙 스완' 사건을 극복해가는 과정에서 파악하게 된 사태의 진 상과 원인 등을 정리해 보겠다는 생각으로 용기를 내 집필을 시작 했다.

온갖 자료를 다시 찾아보며 객관적인 사실과 정보를 정리 분석한 초고를 쓴 뒤, 나의 소송대리인이었던 유승정 변호사에게 논평을 구 했다. "무미건조해 재미가 없다. 그간의 쓰라림도 드러나면 좋겠다"는 답이 왔다. 내 사정을 잘 아는 김영욱 전 중앙일보 논설위원에게 다시 논평을 부탁했다. "책이 아니라 보고서"라는 솔직한 '혹평'(?)이 왔다.

나도 논평에 공감하고 원고를 고쳐보려 하니, 평생 정책보고서나 경제분석서를 써온 터라 개인적으로 겪은 일을 풀어내기가 쉽지 않 았다. 겨우 원고를 수정했는데, 내 입장과 자존감이 투영돼 멋대로 쓴 글이 되지 않았나 걱정됐다. 다시 몇몇 지인들에게 원고의 검토를 부탁했고, 객관적 시각에 따른 지적과 조언을 받았다.

다시 '원점으로 돌아간 대우조선'

많은 사람에게 피해를 안긴 대우조선 사태는 비리 관련자들에 대한 민·형사 책임 부과와 대우조선의 회생으로 일단락됐지만, 사태의 근원인 소유·지배구조는 그대로 남아 있다. 대우조선에 투입된 공적 자금 또한 지금까지 한 푼도 회수되지 않았다. 이런 상태인데도, 2022년 3월 대우조선의 신임 대표이사 선임을 둘러싸고 '정권 말 인사 알박기' 논란이 일었고, 2022년 6월에는 대우조선 하청업체 노동조합의 파업이 발생해 51일간 지속됐다.

대우조선은 세계 최고 수준의 LNG선 건조기술을 보유하고 있으며 방위산업 부문에서도 경쟁력을 갖고 있다. 문제는 비정상적인 소유·지배구조다. 세계 시장에서 치열하게 경쟁해야 하는 기업을 정부가 소유·지배하며 독점 공기업이나 공공기관처럼 관리하고 경영자를 관리인으로 취급해서는 희망이 없다. 대우조선이 독자생존 능력을 갖추는 것이 급선무다. 대우조선을 살릴 수 있는 정말 유능한 경영자가 책임 경영을 하도록 하면서, 제대로 된 '새 주인'을 찾아야 하는 오래된 숙제를 해야 한다.

내게 발생한 '블랙 스완' 사건으로 잃어버린 지난 5년이 나의 삶에서 어떤 의미가 있는지는 아직 잘 모르겠다. 다만 그 '블랙 스완' 사건으로 인해 쓰게 된 이 책이 대우조선 사태의 진상과 원인을 규명하고 유사 사태의 재발을 막는 일에, 그리고 대우조선의 지배구조와 경영을 혁신하고 경쟁력을 높이는 일에, 조금이라도 도움이 되기를 바랄 뿐이다.

책의 초고를 읽고 격려와 더불어 지적과 조언을 해준 유승정 변호사, 김영욱 전 중앙일보 논설위원, 유병선 전 경향신문 논설위원, 권석천 전 중앙일보 논설위원, 손효림 동아일보 문화부장, 황인학 한국준법진흥원 원장, 김인규 한림대 명예교수, 안재욱 경희대 명예교수, 구태균 회계사 등께 깊은 감사의 마음을 전하며, 이 책의 편향, 오류, 주장 등은 오로지 나의 책임임을 밝힌다. 더불어 원고를 읽고 추천의 말씀을 해준 김광두 서강대 명예교수, 박일환 전 대법관, 유승민 전 의원께도 감사드린다.

목차

프롤로그

I 아! 대우조선

1. 삶은 항상 위태롭다   21

2. 왜 이 책을 썼나?   29
  대우조선 사태의 진상은 무엇인가?   31
  왜 조선업체들 가운데 대우조선에서 분식회계가 발생했나?   32
  대우조선 사태에 대한 회계전문가들의 인식과 주장은
    온당한가?   33
  사외이사가 구체적으로 어떤 일을 해야
    '상당한 주의'를 한 것인가?   33
  대우조선 사태를 통해 우리는 무엇을 배웠나?   34
  우리 조선업의 경쟁력 유지·강화에 필요한 것이 무엇인가?   34
  회사 임원들이 임원배상책임보험에 관해 알아둬야 하는 사항은?   35

II 대우조선 사태의 진상과 원인

3. 대우조선 사태의 개관   39

대우조선은 어떤 회사인가?   39
나의 사외이사 재직 시절   41
대우조선 사태의 발발   47
대우조선 비리에 대한 검찰 수사 및 관련 민·형사 사건   52
대우조선이 분식회계를 한 이유와 수법   58
대우조선의 회생 지원   60

4. 왜 대우조선에서 회계부정이 발생했나?   66

분식회계 발생의 조건   67
대우조선 경영진의 분식회계 유인 또는 압력   69
대우조선의 분식회계 실행 기회   87
대우조선 분식회계의 구조적 원인   93
대우조선 지배구조의 근본적 결함   96

5. 회계전문가들 - '가재는 게 편'인가   99

회계 감사인에 대한 형사판결   99
회계 감사인의 감사위원회 기망(欺罔)   104
회계사들의 일탈에 대한 회계전문가들의 인식과 태도   108
회계전문가들의 '이기적 인지 편향'   117

III 사외이사가 겪은 대우조선 사태

6. 사외이사들의 고난   135
   사외이사제도   135
   사외이사들에 대한 무차별 비난
    - '대우조선 망친 거수기 사외이사들'   137
   손해배상청구 소송 및 고발   140
   보험회사들의 오리발   145

7. 고난의 행군 - 사외이사들에 대한
  2천억 원대 손해배상청구 소송   147
   부실 공시에 대한 사외이사(감사위원)의 법적 책임   147
   '상당한 주의의 항변'에 관한 법리와 판례   152
   사외이사의 '상당한 주의' 여부에 대한 법원의 판단   166
   손해배상 범위에 대한 법원의 판단   176
   보험회사들과의 법적 다툼   187
   사외이사들의 대우조선에 대한 손해배상청구 소송   188

IV 대우조선 사태를 통해 배운다

8. 대우조선 사태가 남긴 교훈   193

    실적 지상주의, 단기 성과주의가 회계부정을 유발한다   193

    경영자, 회계사 등이 반드시 갖춰야 하는 자질 - 비즈니스 윤리   196

    사외이사는 자신의 직무가 무엇인지를 분명히 인식해야   198

    금융공공기관의 출자전환 주식은 신속히 매각해야   200

9. 우리 조선업의 위기에 대한 진단과 대책   202

    대우조선 민영화 추진 방식의 문제   202

    현대중공업그룹의 대우조선 인수가 국익에 부합하나?   212

10. 회사 임원이라면 알아둬야 하는 임원배상책임보험   216

    임원배상책임보험이란?   216

    사외이사들의 보험금 청구 소송의 경과   219

    보험약관의 '정황통지' 조항   225

    보험약관의 '청약의 분리적용' 조항   232

    회사 임원들이 확인해야 하는 보험약관 조항   241

부록 : 대우조선 사외이사들에 대한 면책 판결

I

아! 대우조선

1
삶은 항상 위태롭다

우리의 삶은 항상 위태롭다. 언제 무슨 일이 생길지 알 수 없다. 재앙은 여러 우연의 일들이 겹쳐져 어느 순간 갑자기 닥친다. 성실히, 올바로 산다고 해서 피할 수 있는 것이 아니다. 나를 덮쳤던 재앙도 그랬다.

나는 공정거래정책, 재벌정책 등을 연구해온 경제학자다. 연세대학교 경제학과를 졸업하고 미국 오하이오 주립대Ohio State University에서 경제학 박사학위를 받은 뒤, 울산대 교수, 한국개발연구원KDI 연구위원, 연세대 법무대학원 겸임교수, 로펌의 경제분석 전문가로 일했다.

나는 대우조선의 대주주인 산업은행이나 대우조선 경영진과 아무런 인연도 없었고, 사외이사를 해 본 적도 없었다. 그런데 내가 KDI 초빙 연구위원으로 있던 2013년 3월경, 산업은행으로부터 대우조선의 사외이사 추천을 요청받은 학계 선배가 대우조선에 공정거래 전문가가 필요하다며 나를 추천했다. 나는 내가 연구해왔던 기업지배구조 문제를 현장에서 경험하면서 대우조선의 경영 개선에 기여할 수 있는 기회라고 생각했다. 나는 사외이사로 선임됐고, 나를 비롯한 5명의 사외이사 모두 감사위원을 겸했다.

사외이사의 주된 직무는 주주들을 위해 경영진의 활동을 감시하는 것이다. 나는 결코 형식적인 사외이사는 되지 않겠다고 다짐하고 소신에 따라 경영감시 의무를 다하려고 노력했다. 이사회와 감사위원회에 빠짐없이 참석했고, 안건에 대해 적극적으로 의견을 개진하면서 회사 이익에 반한다고 본 안건에 대해서는 주저 없이 반대했으며, 감사위원으로서 외부감사인(안진회계법인)과 소통하며 성실히 감사업무를 수행했다. 나는 연임되지 않아 2015년 3월 임기 2년의 단임으로 사외이사직을 마쳤다.

그런데 2015년 7월 15일 '대우조선이 2조 원대 누적 손실을 숨겼다'는 언론보도가 나왔다. 감사원의 산업은행 감사, 검찰의 대우조선 비리에 대한 수사, 금융당국의 회계감리가 뒤따랐고, 내가 사외이사로 있었던 기간에 대우조선이 분식회계로 대규모 손실을 숨긴 사실이 드러났다. 분식회계를 주도한 대우조선 경영진, 분식회계를 묵인·은폐한 공인회계사들, 여타 비리 관련자들이 기소되어 처벌받았다.

나를 비롯한 사외이사들에게도 재앙이 닥쳤다. 대우조선 사태가 터지자마자 언론과 정치권은 사외이사들의 인적 사항을 공개하며

'대우조선을 망친 거수기 사외이사'라는 비난을 쏟아냈다.

2016년 7월 어느 날, 국민연금공단이 낸 손해배상청구 소장이 집으로 날아 왔다. 분식회계 관련자들뿐 아니라 나를 비롯한 사외이사들도 약 5백억 원의 손해를 배상하라는 것이었다. 둔기로 머리를 맞은 듯 눈앞이 캄캄해졌다. 어떤 생각도 나지 않았다. 이후 수십억 원에서 수백억 원의 손해를 배상하라는 투자자들의 소장이 시도 때도 없이 계속 날아 왔다. 소장을 받을 때마다 아내는 절규했고, 언제 또 소장이 날아 올지 몰라 우체부만 보면 불안에 떨었다. 결국 약 1년의 기간에 걸쳐 모두 13건의 소송을 당했고, 그 청구금액의 합계는 무려 2,200억 원에 달했다. 한동안 넋을 잃고 살았다.

이게 끝이 아니었다. 2017년 5월 느닷없이 법원에서 '부동산 가압류 결정서'가 날아 왔다. 소송을 낸 소액주주 43명이 내가 사는 아파트를 가압류한 것이었다. 평생 일군 모든 것을 잃고 길바닥에 나앉는 나와 아내의 모습이 어른거렸다. 아내는 우리에게 무슨 잘못이 있기에 이런 일이 생기냐며 오열했다. 나는 아무 말도 할 수 없었다.

두 달 뒤에는 참여연대와 청년공인회계사회가 나를 비롯한 사외이사들을 경찰청에 고발했다. 내가 감사위원으로서 '경영진과 공모해 회계부정을 묵인·방조했으니 처벌해달라'는 것이었다. 너무나 황당한 고발에 어이가 없었다.

소송을 당한 뒤, 분식회계에 대한 사외이사 책임에 관한 법률 규정과 판례를 찾아봤다. 관련 법률을 보니, 피고 본인이 '재무제표에 대해 상당한 주의를 했음에도 분식회계 사실을 알 수 없었다'는 것을 증명해야만 책임을 면할 수 있게 되어 있다. 하지만 사외이사에 대해 '상당한 주의'를 했다고 인정해 책임을 면제해준 사례는 찾아볼 수 없었다. 법원은 사외이사에게도 엄히 책임을 물어 적게는 손해배상액의 10%, 많게는 60%에 대한 배상책임을 부과했다. 패가망신을 피할 길이 없는 것 같아 절망감에 휩싸였다.

지푸라기라도 잡고 싶은 심정으로 대우조선이 가입한 임원배상책임보험의 내용을 살펴봤다. 임원배상책임보험은 회사 임원이 그 직무와 관련해 소송 등을 당해 입게 되는 손해를 보상하는 보험이다. 사외이사들이 당한 소송은 보장 대상이었고, 보험금 지급 한도가 3백억 원이었다. 이 보험금을 받는다면 최악은 피할 수 있을 것이었다. 해당 보험사들에게 우선 소송 대응을 위한 변호사 비용을 보험금으로 지급해줄 것을 요구했다. 그러나 보험사들은 대우조선이 분식회계 사실을 숨기고 보험에 가입했다며 보험계약을 해지·취소하는 등 곧바로 오리발을 내밀었다.

깊은 밤에 홀로 내게 닥친 재앙을 곱씹는 일이 반복됐다. 나는 평생 월급쟁이로 열심히 살면서 아파트 한 채 마련하고 두 아들을 키웠다. 은퇴 후 생활을 걱정하는 나이에 천문학적 규모의 소송을 당해 벼랑 끝으로 내몰렸다. 법원에서 책임이 없다는 판결을 받지 못하면 아내가 비참한 말년을 맞을 수밖에 없었기에 극심한 자괴감이 들었다. 차라리 내가 형사처벌을 받는 것으로 투자자들이 손해배상 책임을 묻지 않는다면, 그렇게라도 하고 싶었다.

다른 한편으로, 나는 내게 닥친 일을 도저히 용인할 수 없었다. 나는 공정거래정책 등을 연구하는 경제학자로서 사회 발전에 기여하고자 열심히 일해 왔고, 대우조선의 사외이사로서 소신대로 성실히 직무를 수행했는데, 내게 돌아온 것은 온갖 비난, 소송과 고발이었다. 이 부조리에 대한 본능적 반발심이 일면서 나의 두려움과 불안은 투쟁 의지와 에너지로 바뀌었다.

내가 사외이사로서 경영감시 역할을 다하기 위해 성실히 활동했던 만큼, 법정에서 이 사실을 입증할 수 있다고 믿고 마음을 다잡았다. 나를 위해 최선을 다해줄 유능한 변호사를 찾는 것이 급선무였다. 법무법인 바른의 유승정 변호사가 기꺼이 사건을 맡아줬고, 김도형, 김영승 변호사가 합세했다. 나는 대우조선 관련 자료는 물론이고 우리나라와 미국의 법리와 판례 등 각종 자료를 수집 정리해 수시로 변호인들에게 보냈고, 변호인들은 여덟 차례나 서면을 제출하고 두 차례 구술변론도 하며 내가 사외이사 겸 감사위원으로서 '상당한 주의를 다했음'을 입증하는데 전력을 다했다.

소송을 당한 지 4년 7개월이 지난 2021년 2월, 국민연금공단을 비롯한 기관투자자들이 낸 소송 3건에서 최초로 판결이 나왔다. 법원은 대우조선, 대우조선의 전 경영진, 안진회계법인 등에 대해 총 610억여 원의 손해배상을 명하는 한편, 나를 비롯한 사외이사들에 대하여는 재무제표에 대해 '상당한 주의'를 한 사실을 인정해 원고들의 청구를 모두 기각했고, 원고들은 이 패소 부분에 대해 항소하지 않았다. 이 판결들은 사외이사의 재무제표에 대한 '상당한 주의'의 요건을 구체적으로 제시하며 사외이사의 '상당한 주의의 항변'을 받아들여 책임을 면제한 우리나라 최초의 판례였다. 나머지 소송들도 나의 승소 또는 원고들의 소 취하로 종결됐고, 내 집에 대한 가압류도 해제됐다. 참여연대와 청년공인회계사회의 고발 사건은 2020년 2월 서울중앙지방검찰청의 '혐의 없음'의 불기소 처분으로 종결됐다.

아래는 대우조선 사태의 주요 사건들을 시간 순으로 정리한 것이다.

대우조선 분식회계 사태의 흐름

2015년 3월	저자, 대우조선 사외이사직 퇴임
7월	언론, '대우조선의 2조 원대 손실 은폐' 보도
10월	정부, 대우조선에 대한 4조2천억 원 지원 결정
	감사원, 산업은행의 대우조선 관리실태 감사 착수

		검찰, 대우조선 비리 수사 착수
2016년 1월	◉	금융감독원, 대우조선에 대한 회계감리 착수
3월		대우조선, 2013년도 및 2014년도 재무제표 정정
6월		감사원, 산업은행에 대한 감사결과 발표
7월		국민연금공단 등, 손해배상청구 소송 제기
		검찰, 전 대우조선 대표이사와 CFO 기소
12월		검찰, 안진 소속 회계사들 및 안진 기소
2017년 4월	◉	금융위원회, 대우조선과 안진에 대한 '조사·감리결과
		지적사항 및 조치내역' 발표
7월		참여연대·청년공인회계사회, 사외이사들 고발
2020년 2월	◉	검찰, 사외이사들에 대해 '혐의 없음'의 불기소 처분
2021년 2월	◉	법원, 사외이사들에 대한 면책 판결

　　나를 비롯한 사외이사 4인은 보험금 지급책임을 극력 부인하는 보험사들을 상대로도 법적 다툼을 벌여야 했다. 다시 법무법인 바른의 유승정 변호사와 송태섭 변호사가 나서줬고, 대법원까지 가는 치열한 싸움 끝에 보험금을 받을 수 있게 됐다. 이 사건의 판결은 우리 법원이 최초로 임원배상책임보험 특유의 약관 조항의 법적 효력에 관해 판단한 것이었다.

　　누군가 누명을 씌우고 생존을 위협하면, 사력을 다해 맞서 싸워야 한다. 나는 그랬고, 장기간 물심양면으로 형언하기 어려운 고통을 겪어야 했지만 결국 모든 위협을 물리쳤다. 그리고 그 과정에서 나의 고통을 공감하며 도와주는 사람들을 만났고, 내가 알지 못했던 많은 것을 몸소 체험하고 배웠으며, 무엇보다 평온한 일상의 삶과 신뢰의 소중함을 절감하게 됐다.

2
왜 이 책을 썼나?

나는 대우조선의 사외이사였다는 이유로 온갖 비난에 시달리면서 천문학적 규모의 소송에 대응해야 하는 절체절명의 위기로 내몰렸다. 소송에서 반드시 이겨야만 했기에, 대우조선 사태에 관한 언론 보도, 검찰 조사에서 나온 관련자들의 진술, 관련 민·형사 판결, 회계전문가들의 논의, 증권사 리포트, 조선업 관련 자료, 사외이사 책임에 관한 국내외 법리와 판례 등등 정말 수많은 자료를 찾아봤다. 나의 사외이사 시절의 상황과 경험도 부단히 되돌아봤다. 2016년부터 5년간 매달 두 번꼴로 서초동 법원 청사에서 진행된 재판에 빠짐없이 참석했고, 시민단체의 고발 덕에 경찰청 특수수사과에 불려가 조사도 받았다. 이런 고초를 겪으면서, '대우조선 사태가 왜 발생했는지, 대우조선 사태의 진실은 무엇인지, 대우조선 사태가 남긴 교훈은 무엇인지' 등의 문제가 제대로 규명돼야 한다는 생각이 점차 강해졌다.

우리 사회에 역대급 파장을 일으켰던 대우조선 사태는 마무리됐다. 대우조선 비리에 대한 검찰 수사, 금융당국의 회계감리, 수십 건의 민·형사 사건 등이 진행되면서 점차 대우조선 사태의 진상이 드러났고, 관련 민·형사 사건들의 결과도 나왔다. 이를 통해 우리는 대우조선 사태의 진실에 좀 더 가까이 다가갈 수 있고, 대우조선 사태에서 드러난 우리 사회의 문제들도 파악할 수 있다.

'가보지 않으면, 알 수 없다'는 말이 있다. 이 책은 내가 대우조선의 사외이사 시절에 겪은 경험, 대우조선 사태의 진행 과정에서 드러난 사실과 정보, 나와 내 변호인들이 소송 과정에서 조사·연구한 내용, 관련 민·형사 사건들의 결과 등을 바탕으로 대우조선 사태를 조망하고 진단한 것이다.

한편, 나를 향했던 비난, 소송과 고발은 결국 사외이사(감사위원)의 경영감시 의무와 책임에 관한 것인데, 이 문제는 기업의 지배구조, 회계감사를 하는 공인회계사의 의무와 책임, 임원배상책임보험 등의 문제와 연결돼 있다. 아래 그림은 이러한 관계를 도식화한 것이다.

재무제표는 지배주주의 관리·평가를 받는 경영진이 작성하고, 그 재무제표의 적정성은 회계법인(공인회계사)이 확인한다. 경영감시를 하는 사외이사(감사위원)와 회계감사를 하는 공인회계사는 긴밀히 소통·협력해야 하는 관계이며, 재무제표에 대해 사외이사가 해야 하는 '상당한 주의'는 공인회계사들이 수행하는 회계감사와 밀접히 연계돼 있다. 그리고 사외이사에 대한 소송, 고발 등은 회사가 가입한 임

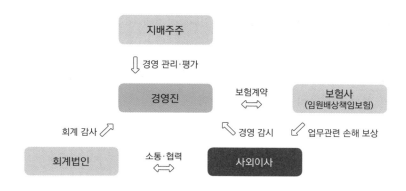

원배상책임보험의 문제로 연결된다. 이 책은 사외이사의 의무와 책임 및 그와 연계된 지배구조, 외부감사, 보험 등의 문제를 대우조선 사례를 통해 살펴보고 우리나라와 미국의 관련 법리와 판례 등을 정리해 소개한 것이기도 하다.

이 책의 집필은 대우조선 사태의 진상과 원인을 제대로 규명하는 것이 유사 사태의 재발을 막는 출발점이라는 인식에서 시작되었다. 이 책에서 내가 스스로 제기하고 답하고자 한 질문은 다음과 같다.

대우조선 사태의 진상은 무엇인가?

그간 대우조선 사태에 관해 수많은 언론보도가 나왔고, 회계전문가들의 다양한 진단과 논의도 있었다. 하지만 이를 통해 알려진 사실이나 정보는 거의 모두가 부분적·단편적인 것이며, 상당 부분은 틀린 것으로 드러났다. 이 책은 지금까지 밝혀진 사실과 정보, 관련 민·형사 사건들의 결과 등을 종합해 대우조선 사태의 전체적인 진행 과정과 진상을 개관하고 있다.

왜 조선업체들 가운데 대우조선에서 분식회계가 발생했나?

조선업 불황 등으로 조선업체들 모두가 어려운 상황에 빠졌는데, 왜 국책은행이 관리·감독해온 대우조선에서 큰 사달이 나게 된 것인가? 대우조선의 분식회계는 경영진이 대주주 산업은행에서 부과한 경영목표를 달성할 수 없게 되자 실적 부진에 따른 불이익을 피하고 성과급, 연임 등의 이익을 챙기려는 욕심 때문에 저지른 것으로 알려져 있다. 하지만 대우조선 지배구조의 결함, 지배주주의 대우조선 경영관리의 문제는 제쳐둔 채, 분식회계의 원인을 개인의 부도덕과 탐욕으로만 돌리는 것은 문제의 근원을 외면한 표피적인 진단이다. 이 책은 산업은행의 대우조선 경영관리·평가 시스템이 어떻게 분식 회계의 구조적 원인이 되었는지, LNG선 건조 등에서 차별화된 경쟁력을 가진 대우조선이 망가지게 된 근본 원인이 어디에 있는지를 규명하고 있다.

대우조선 사태에 대한 회계전문가들의 인식과 주장은 온당한가?

공인회계사는 '자본시장의 파수꾼'으로 불린다. 그런데 대우조선 회계감사를 했던 회계사들에 대한 형사판결을 보면, 대우조선의 회계부정은 공인회계사들이 분식회계 사실을 알고도 묵인하고 심지어 그에 협력하여 부정을 은폐하면서 재무제표에 대해 '적정의견'을 제시함으로써 이루어진 것이다. 하지만 대우조선 사태와 관련해 회계전문가들이 내놓은 여러 진단과 처방은 회계부정 발생의 책임을 외부 요인으로 돌리는 '이기적 인지 편향self-serving bias'을 드러내고 있다. 이 책은 대우조선 사태에 대해 회계전문가들이 보인 인식과 태도를 비판하고 있다.

사외이사(감사위원)가 구체적으로 어떤 일을 해야 '상당한 주의'를 한 것인가?

대우조선 사례에서 보듯이, 기업 비리가 불거지면 으레 '사외이사들이 거수기였다'는 비난부터 나온다. 사외이사가 구체적으로 무엇을 해야 했다는 말은 없다. 비난도 좋지만, 그에 앞서 사외이사의 구체적인 행위규범과 책임의 기준이 제시돼야 한다. 재무제표에 대해 사외이사(감사위원)가 해야 하는 '상당한 주의'가 구체적으로 무엇인가? 이 책은 우리나라와 미국의 사외이사 책임에 관한 법리와 판례, 소송에서 내가 주장했던 '상당한 주의의 항변' 및 그에 대한 우리 법원의 판단을 정리해 제시하고 있다.

대우조선 사태를 통해 우리는 무엇을 배웠나?

대우조선 사태를 계기로 회계감사 관련 법·제도가 대폭 개정됐다. 하지만 회계부정은 기업 경영자, 회계사 등 직접적인 회계 당사자들만의 문제가 아니다. 이들의 선택과 행위는 기업의 지배구조, 경영 환경, 업계의 규범 및 관행, 평가·보상 방식 등과 밀접하게 관련된 문제이므로, 다각적으로 이들의 일탈의 원인을 고찰하고 방지 대책을 찾아야 한다. 이 책은 내가 대우조선 사외이사로서 했던 경험, 소송 대응 과정에서 파악한 대우조선 사태의 원인과 진상, 국내외 사례와 논의 등을 기반으로 회계부정 방지를 위해 요구되는 변화가 무엇인지를 진단하고 있다.

우리 조선업의 경쟁력 유지·강화에 필요한 것이 무엇인가?

2014년경부터 대우조선뿐 아니라 우리 조선업 전체가 막대한 손실을 내며 생존 위기에 처했다가 가까스로 벗어났다. 산업은행은 조선 3사의 과잉 출혈경쟁이 조선업 전체의 공멸 위기를 불러왔다고 진단하고 현대중공업그룹의 대우조선 인수를 추진했으나, 실패했다. 이 책은 이러한 진단과 처방의 문제점을 지적하고, 우리 조선업의 경쟁력 유지·강화에 필요한 것이 무엇인지를 살펴보고 있다.

회사 임원들이 임원배상책임보험에 관해 알아둬야 하는 사항은?

임원배상책임보험은 회사 임원이 그 업무 수행과 관련해 소송 등을 당해 입게 되는 손해를 보상하는 보험이다. 하지만 회사가 보험에 가입해 있어도 막상 사고가 터지면 보험금을 받기는 쉽지 않다. 대우조선 사례에서 보듯이, 위법행위를 저지르는 경영진은 거의 언제나 그 행위를 숨기고 보험에 가입하는데, 사고가 터지면 그때 보험사는 회사의 허위고지를 이유로 보험을 해지·취소한다. 그러면 대우조선 사외이사들은 어떻게 보험금을 받을 수 있었나? 이 책은 사외이사들이 제기한 보험 관련 소송에서 다투어진 쟁점, 미국의 관련 법리와 판례, 우리 법원의 판결 등을 정리해 소개하고 있다.

Ⅱ

대우조선 사태의
진상과 원인

3
대우조선 사태의 개관

대우조선은 어떤 회사인가?

대우조선의 전신은 대우그룹이 1978년에 옥포조선소를 인수해 설립한 대우조선공업이다. 이 회사는 1994년 대우중공업으로 합병된 뒤, 1999년 워크아웃에 들어간 대우중공업에서 떨어져 나와 2000년 10월 대우조선공업이라는 독립법인이 되었다. 대우조선공업은 공적자금 지원에 힘입어 2001년 8월 워크아웃을 종결했고, 2002년 지금의 대우조선해양으로 이름을 바꿨다. 이후 대우조선해양은 성장과 확장을 거듭해 2014년 4월 1일 기준 19개 계열사를 거느린 자산총액 재계 24위의 대규모 기업집단이 되었다.

대우조선은 세계 빅3 조선사의 하나로 LNG운반선과 방위산업 분야에서 남다른 경쟁력을 보여 왔다. 대우조선은 일찍이 2001년에 LNG운반선 수주 세계 1위에 올랐고, 2014년에는 천연가스 부분 재액화 장치PRS 개발에 힘입어 세계 LNG운반선 발주량(66척)의 절반을 넘는 37척(93억 달러)을 수주하는 성과를 올렸다. 당시 IHS마리

타임 등 해외 해양전문 매체는 연료 효율을 20% 이상 높인 천연가스 추진 선박과 쇄빙 LNG운반선 등 대우조선의 혁신적인 기술력이 시장의 판을 바꿨다고 평가했다. 대우조선은 1993년에 국내 최초로 전투잠수함을 건조했고, 1998년에는 전투함과 구축함을 건조해 수출했으며, 2011년에는 인도네시아에서 잠수함 3척을 수주해 국내 최초로 잠수함을 수출하기도 했다.

대우조선의 대주주는 한국산업은행이다. 산업은행은 정부로부터 100% 출자와 손실보전을 받는 국책은행으로, 2000년 12월 대우조선 채권의 출자전환을 통해 대우조선의 지분 40.82%를 보유한 최대 주주가 됐다. 산업은행은 대우조선의 주채권은행이기도 하다. 주채권은행은 주채무계열(대우조선)의 경영정보를 수집·관리하고 부채비율 감축, 구조조정, 지배구조 개선 등의 약정체결을 통해 재무구조 개선을 유도할 수 있다. 산업은행은 대우조선 관리를 위해 2001년부터 그 퇴직자들을 대우조선 임원으로 보냈으며, 2002년부터 매년 대우조선의 대표이사와 경영 MOU를 체결해 경영목표를 부과하고 그 달성도를 평가해 경영진에 대한 보상이나 제재를 했다.

한편, 대우조선에 대한 회계감사는 2004년부터 2009년까지는 KPMG 삼정회계법인이, 2010년부터 2015년까지는 Deloitte 안진 회계법인이 맡았으며, 2015년까지 대우조선은 계속해서 재무제표

에 대해 '적정의견'을 받았다.[1]

나의 사외이사 재직 시절

이사회와 감사위원회

나는 2013년 3월 대우조선의 사외이사 겸 감사위원에 취임했고, 2015년 3월 말에 퇴임했다. 당시 A 대표이사사장는 대우조선에서 30년 이상 근무한 영업통이었고, B 최고재무책임자CFO, 부사장는 산업은행에서 30년 이상 근무한 재무 전문가였다. 이사회는 대표이사, CFO, 사외이사 5인, 기타비상무이사 1인현직 산업은행 기업금융4실장으로 구성됐다.[2] 감사위원회는 사외이사 5인과 기타비상무이사 1인으로 구성됐으며, 내부 감사팀은 대표이사 직속으로 편제되어 있었다.

---

1   회계감사 의견은 네 가지가 있다. '적정의견'은 회사의 재무제표에 중요한 왜곡 표시가 없음을 표시하는 감사인 의견이다. '한정의견'은 특정 부분에서 감사인이 충분하고 적합한 감사증거를 수집하지 못했거나 재무제표에 왜곡표시가 포함되었을 때 나오는 의견이다. '부적정의견'은 재무제표에 포함된 왜곡표시가 중요하고 전반적일 경우에 표명된다. '의견거절'은 감사 수행에 중요하고 전반적인 제한이 있어 적절히 감사를 수행할 수 없었을 때 나가는 의견이다. '부적정의견'이나 '의견거절'은 상장폐지 사유에 해당한다.

2   상법은 사내이사, 사외이사, 기타비상무이사로 구분해 등기하도록 하고 있다. 기타비상무이사는 사외이사와 마찬가지로 회사의 상무(常務)에 종사하지 않지만, 사외이사는 아닌 이사다.

대우조선은 매월 1회 정기이사회를 개최했고, 때로 임시이사회도 열었다. 주요 안건에 관해서는 담당 임원이 사전에 사외이사들에게 보고하고 사외이사들의 의견을 들었다. 이사회는 안건에 관해 담당 임원의 보고를 받은 뒤, 사외이사들이 의견을 개진하거나 질문을 하여 대표이사, CFO 혹은 배석 임원의 답변과 설명을 들은 다음, 이사회 의장인 대표이사가 이사들의 찬반 의견을 묻는 방식으로 진행됐다.

매월 정기이사회에는 CFO 산하의 회계팀에서 작성한 '월별 손익 실적'이 보고됐다. 이 자료에는 전월 및 누적 손익(매출액, 총원가, 영업이익, 영업외수지, 당기순이익), 영업이익 및 영업외수지의 증감 요인, 동종사 비교(수주 실적 및 잔고, 시가총액) 등이 담겨 있었다. 사외이사들은 그 내용을 검토하고, 회사의 재무, 손익상태 등에 관해 경영진에게 질문하거나 확인하여 답변이나 소명을 들었으며, 경영진과 경영 현안, 사업 전망과 대책 등에 대해 논의했다.

이사회의 전 과정은 녹취됐다. 이사회 의사록에는 녹취 내용이 그대로 기재됐는데, 이는 후일 소송, 고발 사건에서 사외이사들이 이사로서 적극적으로 활동했음을 보여주는 중요한 증거 자료가 됐다.

감사위원회에서는 매 분기 1회 안진회계법인의 감사팀이 출석해 회계검토 결과를 보고했다. 감사위원들은 보고 자료를 검토하고, 감사팀 회계사들에게 질문하거나 확인을 요구해 답변과 설명을 들었으며, 때로 추가 분석을 요청했다. 내부 감사팀에서 감사위원회 부의 안건, 보고 내용, 의안별 질의응답 및 감사위원들의 심의 의견을 정리해 의사록을 작성했는데, 이 의사록과 안진 감사팀의 보고 자료 또한 소송에서 사외이사들이 '재무제표에 대해 상당한 주의를 했음'을 입증하는데 중요한 자료가 됐다.

2015년 5월경까지 대우조선은 조선업체 중 가장 괜찮은 회사로 평가받았다.

대우조선이 공시한 2012년과 2013년의 영업이익은 삼성중공업의 절반에도 미치지 못했다. 삼성중공업이 1조2천억 원대 영업이익을 기록한 2012년에 대우조선은 전년 대비 55% 급감한 영업이익(4,863억 원)을 공시했고, 2013년에도 대우조선은 삼성중공업의 절반에 미달하는 영업이익을 보고했다. 2014년의 경우, 대우조선은 전년도와 비슷한 4천억 원대 영업이익을 공시해 조선 3사 중 가장 좋은 실적을 보였으나, 당기순이익은 삼성중공업의 1/4에도 미치지 못했다.[3]

적어도 2015년 5월경까지는 어떤 누구도 대우조선이 보고한 실

---

3 대우조선과 삼성중공업은 조선업에 집중된 사업구조를 갖고 있고 매출 규모도 비슷하므로 서로 적절한 비교 대상이다. 현대중공업은 조선업 외에 여러 사업(엔진/기계, 건설장비, 그린 에너지, 정유, 금융 등)을 영위하며(2013년 조선 부문의 매출 비중은 28.3%) 매출 규모도 대우조선이나 삼성중공업의 4배 수준이다.

적에 대해 분식회계를 의심하지 않았으며, 아래에서 보듯이 대우조선은 조선업체 중 가장 괜찮은 회사로 평가받고 있었다.

(1) 언론은 대우조선이 우월한 수주실적 및 꾸준한 충당금 설정 덕분에 2014년에 양호한 실적을 달성했다고 보도했다.

* **"대우조선에는 특별한 게 있다? 상반기 조선업계 유일한 흑자"**
  대우조선해양이 빅3 조선사 가운데 유일하게 흑자를 내며 승승장구하는 데는 해양플랜트 부문 손실과 충당금 등을 이미 지난해 분기별로 나눠 반영해 충격을 최소화했기 때문이다. 또 수주에 잇따라 성공한 것도 실적에 도움이 됐다. 대우조선해양은 최근 러시아 야말 액화천연가스(LNG) 프로젝트와 관련해 현재까지 10척의 쇄빙 LNG선을 수주하는 데 성공했다.　　- 서울신문, 2014. 8. 18.

* **"꼴찌의 반란... 조선 빅3 막내 대우조선해양, 최대 영업익 낸 비결은?"**
  대우조선해양은 지난 9일 연결재무제표 기준으로 작년 매출액 16조7,863억 원, 영업이익 4,711억 원을 기록했다고 밝혔다...이 같은 질주는 가스 운반선 수주 집중 전략이 통했기 때문에 가능했다. 대우조선해양은 37척(93억 달러)의 액화천연가스(LNG) 운반선, 12척의 액화석유가스(LPG) 운반선 계약을 따내 가스선 분야에서만 총 49척, 100억 달러 이상을 수주했다. LNG운반선은 전 세계 발주량의 절반 이상을 따냈다.　　- 조선비즈, 2015. 3. 10.

(2) 증권사들은 2015년 5월경까지 대우조선을 "조선주 내 펀더멘탈 가장 우수", "조선업을 이끌고 있는 산업의 리더" 등으로 평가하며 '업종 top pick'으로 선정했다.

대우조선해양
(042660)

전재현   문용권
769.3082   769.3781
jcjeon7@daishin.com   yjmoon@daishin.com

투자리런

투자의견   BUY
                매수, 유지

목표주가   27,000
                유지

현재주가   18,400
(15.03.17)

조선업종

조선주 내 펀더멘털 가장 우수. 유가 상승 시 부각 받을 것

1) 투자 포인트와 투자 전략
- 투자의견 매수, 목표주가 27,000원 유지
  * 조선주 내 최우선 추천주 유지
  * 그러나 대우조선도 유가 상승과 해양플랜트 기대감 생겨야 안정적 매수 가능
- 유가 약세 시에는 해양플랜트와 LNG선 발주가 약세 되어 수주목표 미달 예상
  * 다만, 높은 잔량으로 2015년 불황을 가장 잘 버틸 것(2014년 말 2.2년 잔량)
- 2014년~2015년에 수익성 좋은 LNG선 수주 비중(각각 62%, 32%)이 높아 실적은 2017년까지 추세적 개선 예상
  * 다만, 2015년에는 2014년 대비 비슷하거나 소폭 개선에 그칠 것
- 유가 상승 기대감 생길 시(2015년 4Q 예상), 가장 상승 탄력 클 것

- 대신증권 리포트, 2015. 3. 17.자

2015년 5월 4일
대우조선해양(042660) 기술을 선도하다

시가총액 3.8조원으로 국내 중공업분야 3위 업체

대우조선해양의 시가총액은 3.8조원으로 국내 중공업분야에서 3위, 조선업체 중 2위이다. 대우조선해양은 경쟁 조선업체 중 가장 안정적인 실적 흐름을 보이고 있으며 가장 낮은 건조원가를 확보한 것으로 보인다.

LNG선 인도시기는 2019년 초까지 채워졌다. Eco기술에 대한 기술적 리더쉽을 보여준 것이다. 앞선 수주실적과 안정적인 실적흐름을 보이고 있다는 점에서 조선업을 이끌고 있는 산업의 리더로 바라봐야 할 것으로 판단된다.

- 하나대투증권 리포트, 2015. 5. 4.자

(3) 국민연금공단을 비롯한 기관투자자들은 언론에서 대우조선의 대규모 손실 은폐 사실을 보도한 2015년 7월 15일 직전까지 대우조선 주식을 매수했다. 국민연금공단의 경우, 2013년에 대우조선 주식을 대량 취득해 그해 말 대우조선의 지분 9.1%를 가진 3대 주주가 됐고, 2014년 말에도 보유 지분율 8.2%의 3대 주주였다.

국민연금공단의 대우조선 지분율

시점	2013.3.31	2013.12.31	2014.6.30	2014.12.31	2015.3.31	2015.6.30
지분율(%)	6.0	9.1	9.1	8.2	7.1	4.0

(4) 조선업 경기 악화로 인해 조선 3사의 주가는 2013년 10월경부터 지속적인 하락 추세를 보였는데, 2015년 4월까지 대우조선 주가는 경쟁업체 주가보다 덜 하락했다.

조선 3사의 기간별 누적 주가수익률

기간	대우조선	삼성중공업	현대중공업
2013. 8. 16. ~ 2015. 4. 30.	-35.1%	-52.4%	-35%
2015. 5. 4. ~ 2015. 7. 14.	-30.7%	-5.7%	-19%
2013. 8. 16. ~ 2015. 7. 14.	-55.3%	-54.3%	-46.6%

* 기간별 누적 주가수익률 = [(종기의 주가-시기의 주가) / 시기의 주가]

(5) 대형 증권사들이 대우조선의 재무 정보에 대한 조사·검증을 거쳐 2012년 11월, 2014년 4월, 2015년 3월 각 발행된 대우조선의 무보증 회사채를 인수했다. 국민연금공단은 2014년 4월부터 2015년 6월까지 대우조선 회사채 3,700억 원어치를 취득했고, 우정사업본부, 사학연금공단, 은행, 증권사 등도 2015년 6월경까지 대우조선 회사채를 대거 취득했다.

(6) 2015년 7월 15일 전에 산업은행, 금융감독원, 한국거래소 등에서 대우조선의 공시 실적이나 회계처리에 대해 어떤 문제도 제기한 적이 없었다.

대우조선 사태의 발발

2015년 7월 15일 언론보도

내가 2015년 3월 말에 임기 2년의 대우조선 사외이사직을 마친 뒤, 산업은행은 대우조선의 최고 경영진을 교체했다. STX조선의 대표이사로 있던 정성립이 2015년 5월 대우조선의 대표이사로 취임했다. 그는 2001년 7월부터 2006년 3월까지 대우조선 대표이사를 역임했던 사람이다. 산업은행 부행장 출신이 맡고 있던 CFO 자리는 다른 산업은행 부행장 출신이 이어받았다.

2015년 5월 4일경 언론에서 '2006년 3분기 이후 계속 흑자를 유지해오던 대우조선이 34분기 만에 적자 전환할 전망'이라고 보도했다.[4] 곧이어 2015년 5월 15일 대우조선은 2015년 1분기 영업손실 433억 원, 당기순손실 1,724억 원을 공시했다. 8년 반 만의 적자 전환이었다.

신임 대표이사 정성립은 취임 직후 딜로이트컨설팅을 통해 실시한 자체 재무 진단을 통해 그간 재무제표에 반영되지 않은 대규모 손실을 파악했다. 그는 2015년 6월 25일 기자간담회를 열어 "해양 플랜트에서 상당한 손실을 보고 있는 것을 확인했다. 실사가 마무리되는 대로 손실액을 종합해 2분기 실적에 반영할 것"이라며 '빅 배스big bath'[5]를 예고했다.

2015년 7월 15일 '대우조선이 2조 원대의 누적 손실을 재무제표에 반영하지 않고 숨겼다'는 언론보도가 나왔다. 언론은 정부 관계자의 말을 인용해 '정성립 사장이 취임 후 실시한 자체 실사에서 대규모 손실을 파악해 산업은행 회장에게 긴급 보고한 것'이라고 보도했다. 곧바로 산업은행은 대우조선에 대해 실사를 하겠다고 밝혔고,

---

4 "대우조선해양, 8년 반 만의 분기 적자 전망" (머니투데이, 2015. 5. 4.)
5 '빅 배스'란 통상 신임 CEO가 전임자 시절에 누적된 손실이나 향후 부실 요소를 일시에 회계장부에 반영해 실적 부진의 책임을 전임자에게 넘기고 다음 해에 좋은 실적을 기록해 자신의 공적을 부각하는 전략을 말한다.

금융감독원은 회계감리 착수를 검토하겠다고 했으며, 한국거래소는 '관리절차개시 신청설 또는 워크아웃 추진설에 대한 조회공시'를 요구했다.

2015년 7월 15일 언론보도가 나오자 투자자들은 패닉 상태에 빠졌다. 그날 국민연금공단은 대우조선 주식 547만 주를 투매했다. 기관투자자들의 순매도가 767만 주에 달했다. 대우조선의 주가는 가격제한폭까지 떨어져-30% 2003년 이후 최저치를 기록했고, 대우조선의 회사채 가격도 20%나 폭락했다. 증권사들은 대우조선에 대한 투자의견을 하향 조정하거나 아예 분석을 중단했고, 신용평가사들은 대우조선의 회사채 신용등급을 강등했다.

대우조선의 손실 규모에 대한 시장의 불안감이 증폭되자, 2015년 7월 20일 정성립 사장은 사내 인트라넷에 올린 담화문을 통해 '잠정 파악된 약 3조 원의 손실을 회계원칙에 따라 모두 2분기 실적에 반영하겠다'고 밝혔다. 2015년 7월 21일 산업은행은 삼정회계법인에 의뢰해 대우조선에 대한 재무 실사에 착수했고, 7월 27일에는 채권은행들로 구성된 경영관리단을 대우조선에 파견했다.

대우조선의 대규모 적자 공시 및 과거 재무제표 정정

대우조선은 2015년 8월 17일 반기보고서에서 2015년 상반기에 당기순손실 2조4,113억 원, 영업손실 3조1,999억 원을 기록했다고 발표했다. 안진회계법인은 반기 재무제표에 대한 검토보고서에서 '공사계약금액 증액 가능성의 현저한 감소, 전기에 예측하지 못한 해양 프로젝트 공사원가의 급격한 증가 등의 사유로 대규모 적자가 났다'는 검토의견을 냈다. 과거 분식회계로 은닉된 손실이 반영돼서가 아니라 2015년 상반기에 발생한 요인들로 인해 대규모 손실이 발생했다는 것이었다. 안진은 대우조선에 대해 "계속기업으로서의 존속 능력에 의문을 제기할 수 있는 불확실성이 존재한다"는 의견도 제시했다.

대우조선의 대규모 부실이 드러나자, 산업은행이 그간 뭘 했느냐는 비판이 제기됐다. 2015년 9월 21일 국회 정무위원회의 산업은행 국정감사에서 산업은행과 대우조선의 전·현직 경영진에 대한 책임추궁이 이어졌다. 대우조선의 전 경영진은 '수주산업의 특성상 손실을 예측하지 못했던 것이지 손실을 은폐한 것이 아니'라며 분식회계를 부인했다. 홍기택 당시 산업은행장은 "대우조선으로부터 재무실사 결과를 보고받은 2015년 6월 25일에서야 부실을 알게 되었고, 그전에는 대우조선에서 1조2천억 원의 손실을 미리 반영해 대규모 손실이 날 가능성이 없다고 보고해 알 도리가 없었다'고 해명했다. 안진 감사팀의 회계사는 '상반기 대규모 손실은 올해 발생한 요인들과 향후 손실의 선반영 등 때문'이라고 진술했다.

대우조선의 과거 재무제표에는 문제가 없다던 안진은 2016년 3월, '2015년도 회계감사 과정에서 2013년도, 2014년도에 공사예정원가가 과소 추정된 것을 발견했다'며 대우조선 측에 2013년도 및 2014년도 재무제표의 정정을 요구했다. 대우조선이 이미 공시한 2015년도의 5조5천억 원대 영업손실 가운데 약 2조4천억 원이 2013년과 2014년 재무제표에 배분 반영되었어야 했다는 것이다. 언론에서는 '안진이 2016년 1월에 시작된 금융당국의 회계감리에서 (부실감사가) 적발될 가능성이 제기되자 뒤늦게 과거의 감사 오류를 인정한 것'이라고 보도했다.[6] 안진의 요구를 보고받은 산업은행은 안진 측에 '대우조선 정상화 차질 초래'를 이유로 반대 의사를 전달하며 안진을 회유했다. 하지만 안진의 요구에 따라 대우조선은 2013년도 및 2014년도 재무제표를 정정 재공시한 뒤[7], 2016년 4월 14일 각 년도 사업보고서를 정정 신고했고, 안진은 각 년도 감사보고서를 재발행했다. 이로써 대우조선의 2013년, 2014년 각 연도의 4천억 원대 영업이익이 7천억 원대의 영업손실로 바뀌었다.

안진은 2015년도 재무제표에 대한 감사보고서에서 '적정의견'을 표명하면서, '공사계약금액 증액 가능성의 현저한 감소, 계약 취소, 전기 말 예측하지 못한 해양 프로젝트에서의 급격한 공사원가 증가

---

6 "대우조선해양, 2조 손실 누락해 재무제표 수정...투자자 소송 등 후폭풍 예상" (조선비즈, 2016. 3. 23.)
7 "대우조선해양 전기 손익 수정" (대우조선 보도자료, 2016. 3. 23.)

등의 사유로 2015년에 3조5천억 원대의 순손실이 발생했다'는 검토의견을 냈다. 대우조선은 안진과의 계약 만료를 이유로 2016년도 외부감사인을 삼일회계법인으로 교체했다.

대우조선 비리에 대한 검찰 수사 및 관련 민·형사 사건

산업은행의 대우조선 관리실태에 대한 감사원 감사

감사원이 2015년 10월부터 산업은행의 대우조선 관리실태에 대한 감사에 착수, 2016년 6월에 「금융공공기관 출자회사 관리실태」 감사보고서를 공표했다. 감사 결과, 대우조선의 해양플랜트 사업 40개에서만 2013년도 및 2014년도 재무제표에 합계 1조5천억 원대의 영업이익이 과대 계상된 것으로 나타났고, 대우조선에 대한 산업은행의 부실 관리·감독 실태도 드러났다. 감사원은 산업은행에 대해 '대우조선 경영에 대한 관리업무 부적정, 대우조선 경영실적 평가지표 설정 및 평가 등 부적정, 대우조선 방만 경영에 대한 통제업무 부적정'을 지적하며, 산업은행장에게 관련자 문책 등을 요구했다.

검찰의 대우조선 비리 수사

대우조선 경영진에게 부실 책임을 묻겠다는 산업은행의 방침에 따라8, 대우조선 감사위원회는 2015년 9월 서울중앙지방검찰청에 C 전 대우조선 대표이사2006. 3.~2012. 3.의 비리 의혹에 대한 진정서를 낸 데 이어, 2016년 1월 창원지방검찰청에 A 전 대표이사2012. 3.~2015. 3.의 부실 경영에 대한 조사를 요청하는 진정서를 제출했다.

2015년 10월경 검찰이 대우조선의 분식회계 등 비리에 대한 수사에 착수했다. 대검찰청 부패범죄특별수사단은 대우조선이 2012년부터 2014년까지 순자산(자기자본) 기준 5조7,059억 원, 영업이익 기준 2조7,829억 원의 분식회계를 한 것으로 파악하고9, 2016년 7월 대우조선의 A 전 대표이사와 B 전 CFO를 회계사기 등의 범죄 혐의로 재판에 넘겼다. 2017년 12월 대법원에서 대우조선의 전 대표이사에 대하여 징역 9년, 전 CFO에 대하여 징역 6년의 형이 확정됐다. 전 대표이사는 2012년 분식회계 혐의에 대하여는 무죄 판결을 받았다.

이 밖에 대우조선의 C 전 대표이사는 회계부정, 배임수재, 업무상 횡령 및 배임 등 총 15건의 범죄 혐의로 기소되어, 2019년 6월 대법원에서 징역 5년 형, 추징금 8억887만 원을 확정받았다. 분식회계

---

8   "산업은행 '대우조선해양 조기 민영화', 부실 경영진 책임 추궁" (Business Post, 2015. 10. 29.)
9   검찰은 각 연도의 분식 금액을 합산해 분식 금액을 산정하며, 금융당국은 각 연도 분식 금액 중 중복된 부분은 빼고 분식 금액을 산정한다.

혐의에 대해서는 무죄 판결이 났다. C 전 대표이사의 측근인 모 씨는 배임 및 횡령 혐의 등으로 기소돼 징역 3년 형을 확정받았고, C 전 대표이사의 연임 로비의 대가로 대우조선과 홍보 컨설팅 계약을 맺은 모 씨는 변호사법 위반 등 혐의로 기소돼 징역 2년 6월 형, 추징금 21억3,400만 원을 확정받았다.

검찰은 2016년 11월과 12월에 안진 감사팀의 회계사들을 대우조선의 회계부정을 알고도 묵인한 범죄 혐의로 안진과 함께 재판에 넘겼다. 2018년 3월 대법원에서 감사팀 매니저였던 D 회계사에 대해 징역 2년 6월, 감사팀 담당 파트너였던 E 회계사 및 감사팀 인차지였던 F 회계사에 대해 각 징역 1년 6월, 감사팀 담당 파트너였던 G 회계사에 대해 징역 1년에 집행유예 2년의 형이 확정됐다. 회계사들은 의도적으로 비리를 덮은 게 아니라 '분식회계 징후가 있다고 의심하기 어려웠기에 적정의견을 거짓으로 기재한다는 고의가 없었다'고 주장했으나, 법원은 '거짓 기재를 한다는 점에 관한 미필적 고의'를 인정했다. 안진에 대하여는 감사팀의 위법행위에 대한 주의와 감독을 게을리한 점이 인정되어 벌금 7,500만 원이 확정됐다.

금융당국의 대우조선 및 안진에 대한 조사·감리

금융감독원이 2016년 1월 대우조선에 대한 회계감리에 착수했다. 금융위원회 산하 증권선물위원회는 2017년 2월과 3월에 '대우조선이 2008년부터 2016년 1분기까지 분식회계를 했으며, 안진 감사팀은 분식회계를 알고도 묵인·방조했고 안진은 감사품질 관리를 형식적으로 수행했다'는 조사·감리 결과를 발표했다.

이러한 조사·감리 결과에 따른 조치로, 대우조선은 과징금 45억 4,500만 원, 당시 CFO의 해임 권고, 3년간 감사인 지정 등의 제재를 받았고, A 전 대표이사는 과징금 1,600만 원을 부과받았다. 대우조선은 위 조치에 불복해 2017년 6월 금융위원회와 증권선물위원회를 상대로 소송을 냈으나, 2020년 4월 패소했다. A 전 대표이사도 2018년 11월 과징금 부과 처분을 취소해달라는 소송을 제기했으나 패소했다.

2010년부터 2015년까지 대우조선 회계감사를 맡았던 안진은 과징금 16억 원, 1년간 신규 감사업무 금지, 손해배상공동기금 100% 추가적립, 대우조선에 대한 감사업무 제한 5년 등의 제재를 받았고, 금융감독원에 위조한 감사조서를 제출한 것과 관련해 과태료 2천만 원을 부과받았다. 감사팀 회계사들에게는 회계사 등록취소4인, 직무정지4인 처분이 내려졌다. 2004년부터 2009년까지 대우조선 회계감사를 했던 삼정회계법인도 신규 감사업무 제한 등의 제재를 받았다. 이후 대우조선 감사팀 담당 파트너였던 E 회계사는 금융위원회를 상대로 공인회계사 등록취소 처분을 취소해달라는 소송을 냈으나, 패소했다. 안진은 금융위원회를 상대로 업무정지처분 취소 청구 소송을 제기했는데, 이 사건은 1심 원고 승소, 2심 청구 각하, 대법원의 파기 환송을 거쳐 현재 심리 중에 있다.

증권선물위원회의 조사·감리결과 조치 통보에 따라 대우조선은 2008년부터 2016년 1분기까지의 재무제표를 재작성했고, 이를 기준으로 2017년 5월 11일 해당 사업보고서와 분기보고서를 한꺼번에 정정 신고했다.

후속 민사사건

2018년 5월 대우조선은 '분식회계로 인해 임직원 성과급 과다 지급, 법인세 과다 납부, 배당금 과다 지급, 과징금 납부 등 약 6,740억 원의 손해를 입었다'며, A 전 대표이사와 B 전 CFO 등 전 임원 4명, 안진 및 안진 소속 전·현직 회계사 4명을 상대로 3,882억 원의 손해배상을 청구하는 소송을 제기했다. 이에 대응해 안진은 '대우조선의 감사업무 방해로 손해를 입었다'며 대우조선을 상대로 맞소송을 냈다.

2022년 2월 제1심 서울중앙지방법원 제21민사부는 대우조선의 안진에 대한 청구 및 안진의 맞소송을 모두 기각하고, 대우조선의 A 전 대표이사 및 B 전 CFO에 대하여는 민법상 공동불법행위로 인한 손해배상책임을 인정해 '전 대표이사는 전 CFO와 공동해 850억여 원을 지급하고, 전 CFO는 202억여 원을 추가 배상하라'는 판결을 선고했다. 대우조선은 C 전 대표이사 외 1명을 상대로도 1,687억 원의 손해배상청구 소송을 제기했는데, 2021년 8월 제1심서울중앙지방법원 제30민사부은 C 전 대표이사가 유죄가 확정된 불법행위를 통해 회사에 끼친 손해를 배상할 책임이 있다며, 59억8천만 원을 배상하라는 판결을 선고했다.

또한, 대우조선은 전·현직 임원들을 상대로 부당 지급된 성과급을 반환하라는 소송을 제기했다. 대우조선이 전·현직 임원 7명을 상대로 '2012년 분식회계로 부당하게 지급된 성과급' 반환을 청구한 사건에서, 2019년 10월 제1심창원지법 통영지원은 '성과급을 환수할 근거가 없다'며 대우조선의 청구를 기각했으나, 2020년 6월 항소심부산고법 창원재판부 민사2부은 '대우조선이 산업은행과 체결한 경영 MOU에 당기순손실 발생 시 성과급을 지급하지 않는다고 규정돼 있는데, 2012년도에 3,084억 원의 순손실이 발생한 사실이 인정된다'며 퇴직 임원들이 받은 성과급 5억 원은 부당이득이므로 반환하라고 판결했다. 대우조선이 퇴직 임원 30여 명을 상대로 제기한 소송에서도 성과급 12억 원을 반환하라는 판결이 나왔다.

대우조선이 분식회계를 한 이유와 수법

대우조선은 왜 분식회계를 했나

산업은행은 매년 대우조선의 대표이사와 경영 MOU를 체결하여 경영진에게 경영목표를 부여하고 그 달성 실적을 평가한다. 낮은 평가 등급을 받게 되면 임원 성과급 미지급 및 기본급 회수, 대표이사 사퇴, 구조조정 등의 불이익을 받게 된다. 검찰과 법원은 대우조선의 최고 경영진이 해양플랜트 등의 손실이 급증해 MOU 경영목표를 달성할 수 없게 된 상황에서 실적 부진에 따른 불이익을 피하려고 임직원들과 공모해 분식회계를 한 것으로 봤다.

대우조선은 어떤 방법으로 분식회계를 했나

증권선물위원회의 '대우조선에 대한 조사·감리결과 지적사항 및 조치내역(2017. 2. 23. 의결)' 등에 따르면, 대우조선은 주로 세 가지 수법으로 분식회계를 했다.

① 총공사예정원가 축소·조작에 의한 공사진행률 과대 산정
　　수주산업으로 불리는 조선업의 경우, 수주한 선박을 완성해 발주처로 인도하기까지 수년이 걸리는데, 수주계약은 수주 시에 선수금을 받고 선박 인도 시에 계약금액의 60~80%를 받는 '헤비 테

일 heavy tail 방식으로 되어 있는 경우가 많다. 여기서 일반 제품처럼 제품 인도 시점에서 모든 수익매출이 발생하는 것으로 회계처리를 하면, 공사기간 중에 공사비용은 계속 발생하나 수익은 0이 되는 문제가 생긴다. 그래서 수주산업에서는 공사 계약금액을 공사진행률[기 투입원가/총공사예정원가]에 따라 안분해서 수익으로 인식하게 되어 있다.

당기 수익 = 계약금액 × 공사진행률(기 투입원가/총공사예정원가)

총공사예정원가 = 기 투입원가 + 발생할 잔여원가

회사는 총공사예정원가 중 향후 '발생할 잔여원가'를 추정해 총공사예정원가를 산정하는데, 만일 공사기간 중에 총공사예정원가가 총계약수익을 초과할 것으로 예상되면 즉시 예상 손실을 회계에 반영해야 한다. 그런데 대우조선은 해양플랜트 등의 공사기간 중에 원가 증가로 인한 손실 발생을 예상하고도 예상 손실을 회계에 반영하지 않고, '발생할 잔여원가'를 축소·조작해 공사진행률을 높이는 방법으로 매출, 이익 등을 부풀렸다가, 인도 시점에서 모든 손실(= 총공사수익 - 총공사비용)을 반영했다. 분식회계 금액의 80% 이상이 이러한 공사진행률 조작에 의한 것이었다.

② 장기매출채권에 대한 대손충당금 과소계상

조선업에서는 업종 특성상 매출채권이 많이 생긴다. 2011년부터 도입된 국제회계기준IFRS은 각 장기매출채권의 회수가능액을 평가해서 대손충당금을 설정하도록 정하고 있고, 대우조선의 회계처리기준은 원리금 회수 지연에 따라 대손율을 적용하되 채권의 객관적 손상 징후가 발생한 때는 합리적인 회수가능액을 산정하고 나머지를 대손충당금으로 설정하게 되어 있다. 그런데 대우조선은 회계기준에 위반된 방식으로 대손충당금을 설정하고 채권의 개별 손상을 적절히 반영하지 않음으로써 대손충당금을 과소 설정했다.

③ 손상 사유가 발생한 종속기업 투자주식과 대여금에 대한 손상차손 미계상

대우조선은 부실 해외 자회사에 대한 투자주식 및 대여금 등 채권의 손상을 손상 사유가 생긴 연도에 제대로 인식하지 않음으로써 비용손상차손을 과소 계상했다.

대우조선의 회생 지원

대우조선에 대한 자금지원 등

2015년 10월 22일 이른바 '청와대 서별관 회의'에서 삼정회계법인이 실시한 대우조선 재무실사 결과를 토대로 대우조선에 대한 4

조2천억 원의 자금지원이 결정됐다. 산업은행이 유상증자 방식으로 1조 원을 신규 투자하고 산업은행과 수출입은행이 각각 1조6천억 원을 신규 대출하기로 했다. 일주일 뒤 산업은행은 4조2천억 원 규모의 자금지원, 1조8,500억 원 규모의 대우조선 자구계획 등을 담은 '대우조선 정상화 방안'을 발표했다. 서별관 회의의 결정에 대해, 정부가 분식회계 의혹을 인지하고도 밀실 회의에서 자금지원을 결정하고 산업은행 등에 책임을 떠넘겼다는 비판이 일었다.

정부의 자금지원, 채무조정, 대우조선의 자구계획 등이 추진되어 대우조선의 재무 상태가 개선되었다.

대우조선에 대한 자금지원

2015. 10.	서별관 회의에서 4조2천억 원 자금지원 결정
2015. 12.	산업은행 유상증자(8,200만 주, 4,142억 원)
2016. 11.	산업은행 보유주식 전량 소각, 잔여 주식 10주를 1주로 병합
2016. 12.	1조7,800억 원의 산업은행 유상증자(4,400만 주, 주당 40,350원)
2017. 1.	1조 원 규모의 영구채 발행(주식 전환가 40,350원, 수출입은행 인수)
2017. 3.	채권단 채무조정 합의를 전제로 2조9천억 원 지원안 발표
2017. 6.	8천억 원 규모의 제3자(산업, 하나, 우리, 국민) 유상증자(1,960만 주)
2017. 6.	1조2,828억 원 규모 영구채 추가 발행(수출입은행 인수)
2017. 8.	1억9,800만 주 신규 발행(사채권자의 출자전환)

① 2015년 12월 산업은행이 대우조선의 신주 8천2백만 주를 4,142

억 원에 인수했다. 2016년 12월에는 산업은행 보유 주식약 6,022
만 주을 전량 소각하고 여타 주주의 주식은 10주를 1주로 병합하
는 차등감자가 이뤄졌다.

② 2017년에는 대대적인 채무조정이 이뤄졌다. 산업은행이 보유한
3천억 원 규모의 채권 전액이 출자전환 되고, 수출입은행이 보
유한 1조2,848억 원의 채권은 영구전환사채로 전환됐다. 2017
년 4월의 사채권자 결의[10]에 따라 시중은행이 보유한 대출채권
5,600억 원은 80%가 출자전환 되고 잔여 채권은 만기가 5년 연
장됐다. 국민연금공단 등이 보유한 회사채와 기업어음은 50%가
출자전환 되고 나머지 50%는 만기 3년 연장 뒤 3년간 분할 상환
하는 것으로 조정됐다. 일반 투자자들은 보유 채권액면금액 1조4,472
억 원의 55%인 7,991억 원어치를 주식으로 바꿔 받았다. 채권의
출자전환에 적용된 주가는 40,350원이었다. 대우조선은 사채권
자집회 결의에 따라 2020년 7월부터 회사채의 원금과 이자를 분
할 상환하고 있다.

---

10 2017년 4월 법원 인가를 받은 사채권자 결의는 '① 사채 만기일을 2020. 7. 21.
이후로 연장하고 2023. 4. 21.까지 12회에 걸쳐 원금을 균등 분할 상환, ② 보
유한 사채 권면액의 50% 이상을 신주인수대금과 상계하는 방식으로 출자전환,
③ 이율은 2017. 4. 21.부터 연 1%로 변경해 변경된 이자 지급일에 지급하며,
2017. 4. 20.까지 발생한 이자 중 미지급된 이자는 변경 전 이율로 계산해 2017.
7. 21. 또는 변경된 이자 지급일에 지급한다'는 것이다.

③ 대우조선은 부실 자회사 정리, 비핵심자산 매각, 인력 감축, 임직원 임금 반납, 해양플랜트 사업 축소 등을 통해 비용과 몸집을 줄이는 구조조정을 추진했다. 2017년 5월 8일 산업은행과 수출입은행은 민간 전문가 8인으로 구성된 '대우조선해양 경영정상화 관리위원회'를 출범시켜 대우조선의 자구계획 이행상황과 경영실적을 평가하고 경영정상화 진행 상황을 점검토록 했다.

이러한 조치에도 불구하고 대우조선의 회생 여부는 매우 불투명했다. 급격한 유가 하락 및 해운업 침체로 인해 선주사들의 계약 취소나 인도 연기가 잇따랐고, 2016년에는 모든 조선업체가 '수주 절벽'으로 떨어졌다. 2016년 대우조선의 수주액은 2014년149억 달러의 1/10 수준15.5억 달러로 추락했고, 삼성중공업과 현대중공업삼호중공업과 현대미포조선 포함의 수주액도 각각 5.2억 달러와 50억 달러에 불과했다. 수주 가뭄 속에서 극심한 어려움을 겪던 조선업체들은 2018년경부터 조선 경기가 살아나면서 회복세를 보였고, 대우조선도 점차 위기에서 벗어났다.

우리나라 조선사들의 수주실적, 2013~2018.

연도	2013	2014	2015	2016	2017	2018
수주(만 CGT)	1,844	1,309	1,098	222	739	1,308
점유율(%)	30.2	28.8	26.9	17.5	27.2	42.1

* 자료: 클락슨 리서치

대우조선 주식의 거래정지 및 재개

한국거래소는 2016년 7월 14일 대우조선에 '전 경영진의 5조
원대 분식회계 혐의에 따른 기소설'에 대한 조회공시를 요구하고,
2016년 7월 15일부터 대우조선 주식의 거래를 정지했다. 그리고
2016년 9월 28일 대우조선 주권에 대한 상장적격성 실질 심사를 한
다음, 대우조선에 1년간의 경영정상화를 위한 개선기간을 부여했
다. 대우조선은 2016년 9월 30일 경영정상화를 위한 개선계획을 공
시했다.

대우조선 주식의 거래정지 관련 사건

2017년 3월 삼일회계법인이 대우조선의 2016년도 재무제표에
대해 '한정의견'을 냈다. 이에 따라 2017년 4월 3일 대우조선 주식
은 관리종목으로 지정됐고, 2017년 5월에는 코스피200 구성종목
에서 제외됐다. 이후 대우조선의 재무구조가 개선되고 대우조선이
2017년도 반기 회계검토에서 '적정의견'을 받음에 따라, 2017년

10월 30일부터 주식거래가 재개됐다. 이후 대우조선은 2017년도 재무제표에 대해 '적정의견'을 받아 2018년 3월 관리종목에서 벗어났으며, 2018년 6월 15일 코스피200 지수에 다시 편입됐다.

4
왜 대우조선에서
회계부정이 발생했나?

목표를 설정하는 리더는 목표를 부과받는 사람들의 시각에서 봐야 하고 그 사람들이 취할 수 있는 대응이 무엇인지 심사숙고해야 한다. 그래야만 의도치 않은 결과를 방지하고 직원들이 정직한 보고 등 다른 중요한 목적을 간과하는 것을 막을 수 있다. 이 책임을 다하지 않는 리더는 비윤리적인 행위를 촉진하고 있을 뿐만 아니라 그 자신이 부지불식간에 비윤리적인 행위를 하고 있다고 볼 수 있다.[1]

- M.H. Bazerman & A.E. Tenbrunsel, "Ethical Breakdowns",
Harvard Business Review, 2011

---

1 "Leaders setting goals should take the perspective of those whose behavior they are trying to influence and think through their potential responses. This will help head off unintended consequences and prevent employees from overlooking alternative goals, such as honest reporting, that are just as important to reward if not more so. When leaders fail to meet this responsibility, they can be viewed as not only promoting unethical behavior but blindly engaging in it themselves."

분식회계 발생의 조건

2014년에 삼성중공업과 현대중공업이 대규모 적자를 발표했을 때 대우조선은 흑자를 공시했는데, 대우조선의 실적을 의심하는 시각은 없었다. 증권사들은 대우조선을 '업종 최선호주'로 추천했고, 언론에서는 "대우조선이 여타 업체와 달리 좋은 실적을 거둘 수 있었던 것은 차별화된 기술력 때문"이라며 대우조선을 '군계일학'이라고도 했다.[2] 국민연금공단 등 기관투자자들은 2015년 7월 15일 직전까지 대우조선 주식을 샀고, 2015년 6월경까지 대우조선의 만기 3년, 5년의 무보증 회사채도 대거 취득했다.

여기에는 대우조선이 대주주 산업은행의 관리·감독을 받는 회사라는 사실에서 오는 신뢰가 깔려 있다. 대우조선이 공시하는 재무정보는 산업은행에서 보낸 CFO가 작성하고 산업은행의 승인까지 받은 것이니 믿을 수 있다고 보는 것이다. 대우조선의 분식회계 의혹이 불거졌을 때도 '산업은행 부행장 출신의 CFO가 회계를 관장하고 있어서 대표이사가 임의로 손실을 은폐하기는 어렵다'는 반론이 나왔다.

2012년경부터 조선업 불황 등으로 조선업 전체가 어려운 상황에

---

2 "[위기의 대우조선해양] ②그동안은 괜찮았는데…" (비즈니스 워치, 2015. 4. 13.)

빠졌는데, 대체 왜 조선업체들 가운데 국책은행이 관리·감독하고 있어서 믿을만하다는 대우조선에서 분식회계가 발생한 것인가?

대우조선의 A 전 대표이사와 B 전 CFO에 대한 형사판결[3]에 의하면, 이들은 손실이 급증하는 상황에서 산업은행과 체결한 MOU 상의 경영목표를 달성하지 못해 받게 될 불이익을 면하려고 임직원들과 공모해 분식회계를 했으며, 2012년도 회계부정은 CFO의 단독 범행이었다.[4] 하지만 이는 형사판결에서 나온 경영진의 분식회계 동기에 관한 판단일 뿐이다.

대우조선의 분식회계를 경영진의 연임, 성과급 등에 대한 욕심 탓으로만 돌려서는 그 근본 원인을 제대로 파악할 수 없다. 대주주가 고용한 전문 경영인이 대주주가 부여한 목표를 달성해 연임, 성과급 등의 보상을 받고자 하는 것은 지극히 당연하며, 그래서 대주주가 경영목표를 부과하는 것인데, 그렇다고 경영자가 목표 달성을 위해 중대 범죄인 회계부정까지 저지르는 경우는 드물다. 특히 산업은행에서 보낸 CFO가 분식회계에 가담해 총대를 멘 것은 이해하기 어렵다. 그는 산업은행에서 30년 이상 근무한 부행장 출신으로 산업은행에서 대우조선의 재무, 회계 업무를 총괄하라고 보낸 사람이며, 3

---

3 서울중앙지방법원 2017. 1. 18. 선고 2016고합726, 2016고합751(병합) 판결.
4 법원은 A 전 대표이사에 대하여 2012년 분식회계 혐의에 대하여는 무죄로 판단했고, "회계분식을 적극적으로 지시했음을 인정할 증거는 없다"고 봤다.

년 임기를 마치면 대우조선을 떠나는 사람이다. 대체 왜 이런 CFO가 대규모 손실 발생을 파악하고도 산업은행에 알리지 않고 임직원들과 공모해 분식회계를 하게 되었는지 깊이 생각해봐야 한다.

회계부정은 중대 범죄다. 경영진에게 회계부정을 범할 만큼의 강한 유인이나 압력이 있고, 회계부정을 실행할 기회가 있을 때, 이런 행위가 발생할 수 있다. 아래에서 왜 대우조선의 최고 경영진에게 회계부정을 범할 만큼의 강한 유인이나 압력이 있었는지, 그리고 어떻게 분식회계의 실행이 가능했는지를 살펴본다.

대우조선 경영진의 분식회계 유인 또는 압력

산업은행의 대우조선 경영관리·평가 시스템

대우조선의 주인은 산업은행을 비롯한 주주들이고, 경영진은 주주들로부터 회사 경영을 위임받은 대리인이다. 이처럼 소유와 경영이 분리된 회사에서는 경영진이 주인의 이익이 아니라 자신의 이익을 추구하는 '대리인 문제'가 발생하기 때문에, 경영진에 대한 효과적인 관리·감독 체제를 갖추지 못하면 기업가치가 크게 훼손될 수 있다. 더욱이 대우조선은 산업은행이 지분을 보유한 기업들 가운데

보유 지분율이 가장 높고[5] 보유지분의 가치도 가장 큰 기업이다.[6]

산업은행은 크게 두 가지 경로를 통해 대우조선의 경영을 관리·감독했다.

첫째, 산업은행 퇴직자를 대우조선 임원으로 앉히는 것이다. 2001년부터 2009년까지 전 산업은행 총재에 이어 전 산업은행 이사가 대우조선의 사외이사로 있었고, 2006년부터 2008년까지 부행장 출신이 대우조선의 감사실장을 맡았다. 특히 2009년부터는 산업은행 재무본부장부행장 출신이 CFO부사장로 와서 직접 재무, 회계 업무를 관장했으며, 2012년부터 대우조선 관리업무를 담당하는 현직 기업금융4실장이 비상무이사를 겸했고 2013년부터는 감사위원도 겸했다. 그래서 2012년 이후 대우조선 이사회에는 2명의 산업은행 출신이 있었고, 2013년부터 감사위원회에는 산업은행 기업금융4실장이 있었다.

둘째, 매년 대우조선 대표이사와 경영 MOU를 체결해 경영진에게 순이익, 영업이익률 등의 경영목표와 평가지표를 부여한 뒤, 목

---

5   2014년 말 기준 산업은행이 보유한 대우조선의 지분율은 31.5%, 2대 주주인 금융위원회가 보유한 지분율은 12.2%였다. 산업은행은 2013년 2월 이후 금융위원회의 지분 관리도 대행했다.

6   한국2만기업연구소의 조사에 따르면, 2014년 2월 2일 기준 산업은행이 보유한 대우조선 주식 평가액은 1조9,751억 원이다.

표 달성도를 평가해서 경영진에 대한 성과급 지급, 경영개선계획 제출 이행, 대표이사 사퇴 등의 보상 또는 제재를 하는 것이다. 산업은행에서 MOU 체결 업무는 기업금융4실이 담당했다.

이밖에 산업은행은 대우조선의 이사회 안건을 사전 보고받는 등 경영 현안을 상시 감독했으며, 2011년 11월에는 대우조선에 대해 경영컨설팅 명목으로 사실상 감사를 하기도 했다.

산업은행이 대우조선 대표이사와 체결한 '2013년도 경영 MOU' 의 내용은 다음과 같다.

① 경영목표

평가부문	경영목표
수익성(25점)	당기순이익 3,000억 원, 매출액영업이익률 3.56%, 2012~14년 중장기 ROIC(투하자본수익률) 9.72%
성장성(20점)	수주 130억 달러, 주력 선종 수주비중 85%, 주가 상승률(동업종 주가 대비)
생산성(10점)	자본생산성(총자본투자효율 12.96%, 설비투자효율 58.18%), 종업원 1인당 부가가치 1.5억 원
위험관리(5점)	장기매출채권 감축률 10% 이상
경영관리(40점)	경영관리시스템 선진화, 장기발전기반 구축, 자회사 관리 적정성, 위험관리 적정성, 경영관리에 대한 협력도

② 평가방법

경영성과 평가는 대학교수 등 외부 인사들로 구성된 산업은행의 경영관리위원회가 수행한다. 수익성, 성장성, 생산성, 위험관리 부문은 각 목표치의 달성률에 따라 점수를 산정하고, 비계량 부문인 경영관리는 평가위원들이 부여한 평점을 산술평균하여 점수를 산정하는데, 전 대우조선 경영관리팀장의 증언에 의하면 비계량적 요소의 점수는 계량적 요소의 점수에 따른다. 종합평가 결과는 7등급(S, A, B, C, D, E, F)으로 되어 있다.

③ 평가 결과에 따른 상벌

평가 등급에 따라 임원들에게 직위별 성과급 총액한도 내에서 성과급을 지급하며, 적자 발생 시에는 지급하지 않는다. 일반 직원에 대한 성과성 상여금은 산업은행과 협의해 결정한다. E 등급(평점 60~70)을 받으면 '경영개선계획(사업 구조조정, 인력구조 개편, 원가 절감 등) 제출 및 이행' 조치를 하며, F 등급(평점 60점 미만)을 받으면 '대표이사 사퇴, 상무 이상 기본급 30% 반납, 경영개선계획(사업 구조조정, 인력구조 개편, 승진 억제, 원가 절감, 복지후생 축소 등) 제출 및 이행' 등의 조치를 한다.

MOU 체결 업무를 담당했던 대우조선 직원은 2016년 6월 검찰 조사에서 MOU 체결과 평가 과정에 관해 다음과 같이 진술했다.

산업은행이 MOU 목표를 설정하는 과정은 저희도 알 수 없다. 산업은행에서 MOU 목표(1장짜리 서면)를 받아 경영관리팀장, CFO, 대표이사에게 보고하고 대표이사 서명을 받아 산업은행에 제출한다. 그 뒤 회사 각 부서에 MOU 목표의 해당 부분을 알려주고, 분기별로 추진실적을 받아 정리한 다음, 산업은행과 경영관리위원들에게 파일로 송부한다. 이후 회사 실적이 공시되면, 평가항목별로 정리한 실적을 책자로 만들어 평가기간 중에 경영관리위원들을 방문해 설명한다. 이후 산업은행에서 경영관리위원회를 열어 평가점수를 확정한다.

MOU 경영평가에서 낮은 평가 등급을 받으면, 경영진뿐만 아니라 일반 직원들과 회사 사업에도 불이익이 가해진다. 그래서 MOU 평점과 평가 등급은 경영진을 넘어 회사 전체의 중대 사안이 됐다. 2014년 1월 이사회에서 한 사외이사가 '경영목표에 너무 집착하지 말라'고 하자, 대표이사는 "대주주와의 MOU가 있어서 우리가 잘하지 못하면 직원들의 성과급 등 급여 부분이 굉장히 어려워질 수 있다"고 답했고, CFO는 "중간에 MOU 목표를 수정하게 되면 감점되는 구조"라고 설명했다.

산업은행의 부실한 대우조선 경영관리

회사는 분식회계를 했기 때문에 부실화되는 것이 아니라 부실을 숨기려고 분식회계를 하게 된다. 대우조선은 조선업이 호황이던 2011년 이전에 조선업과 무관한 분야로 무분별하게 사업을 확장했다. 2007년에 5개였던 계열사가 2012년에는 19개로 늘었다. 하지만 산업은행은 매년 대우조선 경영진에게 경영목표를 부과하고 이를 기준으로 경영진이 보고하는 실적을 평가했을 뿐, 경영진의 부실, 방만 경영에 대한 감독은 소홀히 했다. 감사원이 2016년 6월에 발표한 「금융공공기관 출자회사 관리실태」 감사보고서에서 지적하는 바와 같이, 2011년 이전 기간에 대우조선은 건설업, 풍력사업, 해운업, 해외자원개발 등에 방만하게 투자했다가 막대한 손실을 보게 되었는데, 산업은행은 무분별한 투자 결정을 방치했다.

* **감사원(2016), 「금융공공기관 출자회사 관리실태」 감사보고서**
  대우조선해양은 2009. 8. DeWind(풍력사업자) 인수, 2005. 12. J.R.종합건설(현 대우조선해양건설) 인수 등 조선업과 관련이 없는 자회사(전체 32개 중 17개)에 투자하여 9천억 원 대의 손실이 발생했고, 특히 오만법인의 플로팅 호텔 사업, 삼우중공업 지분 인수, DMHI 대여금 등 5개 사업은 이사회 보고 의결 절차를 누락하거나 이사회에 사실과 다르게 보고 후 투자를 추진하여 3천억 원 대의 손실이 발생했다. 그런데 산업은행(기업금융4실)을 비롯하여 산업은행이 선임한 CFO 및 비상무이사는 자회사 설립 인수, 주요 사업 추진 과정에서 대우조선해양으로부터 이사회 부의안건 등을 사전 보고 받고도 아무런 검토의견을 제시하지 않거나 이사회에 참석하여 모두 '찬성의견'을 제시하는 등 투자의 적정성에 대해 모니터링을 소홀히 하였다.

산업은행은 대우조선의 투자사업과 해외 자회사들이 부실화된 상황에서도 문제 해결에 나서지 않았다. 내가 2014년 8월 정기이사회에서 자본 잠식상태에 빠진 '루마니아 망갈리아 조선소Daewoo-Mangalia Heavy Industries, DMHI'[7]에 대한 근본 대책을 요구하며 연대보증 제공을 반대했고, 다른 사외이사들도 부실 자회사에 대한 구조조정을 촉구했지만, 산업은행은 아무런 조치도 하지 않았다. 산업은행은 대우조선 사태가 터지고 나서야 부실 자회사 정리방안을 검토하기 시작했고, 대우조선은 2018년 7월에 루마니아 망갈리아 조선소 지분을 239억 원에 매각하는 계약을 체결했다.

또한 감사원 감사보고서에 따르면, 2012년 1월 산업은행은 2011년 11월에 실시한 경영컨설팅에 따른 조치로 대우조선에 '비영업부서가 참여하는 수주심의기구 신설 운영' 및 '대규모 수주계약 등에 대한 이사회 검토'를 요구했는데, 대우조선이 요구 사항을 이행하지 않았음에도 이를 묵인한 결과, 수주계약에 대한 심의와 검토가 이루어지지 못하게 됐다. 2012년 5월부터 2014년 11월까지 대우조선이 수주한 해양플랜트 계약 13건 모두가 이사회에 보고되지 않았고, 그 중 12건이 수주심의위원회의 사전 심의를 거치지 않았다.

---

7   1997년 대우그룹이 루마니아 정부와 51 : 49 지분비율로 공동 설립하고 대우조선이 경영을 맡은 루마니아 망갈리아 소재 조선소.

산업은행의 잘못된 경영관리·평가 시스템

조선업은 경기 부침이 심한 업종이어서 조선업체의 실적은 경기 변동에 따라 큰 폭으로 등락하게 된다. 일감이 많은 호황기에는 경영진이 특별한 노력을 하지 않아도 좋은 실적을 낼 수 있지만, 불황기에는 경영진이 남다른 능력을 발휘해도 저조한 실적을 면할 수 없다. 조선업 시황의 변화에 더해, 수년의 공사기간 중에 자재비, 인건비 등 원가 요소들이 등락함에 따라 손익이 변동한다. 이런 업종에서 경영진에게 1년 단위로 순이익, 영업이익률 등의 절대 수치를 경영목표로 부과한 뒤 그 달성도를 기준으로 경영진의 능력과 성과를 평가할 수는 없다. 주요 경쟁업체들 또는 조선업 전반의 실적을 기준으로 상대 평가를 하는 것이 맞다.

그런데 산업은행은 MOU 체결을 통해 대우조선 경영진에게 연간 순이익, 영업이익률, 수주액 등의 목표를 절대 수치로 부여하고, 그 달성도를 기준으로 경영성과를 평가해 보상이나 제재를 가한다. 이런 경영관리·평가 방식은 경기 변동의 영향을 별로 받지 않고 적절한 비교 대상도 없는 독점 공기업에는 적합한 것일지 모르나, 심한 경기 부침을 겪으면서 세계 시장에서 치열하게 경쟁해야 하는 조선업체에는 매우 부적절한 것이다.[8]

---

8   2014년 4월 이사회에서 나는 위와 같은 경영 MOU의 문제점을 지적하고 개선을 요구했으나, 대우조선 경영진과 산업은행은 아무런 조치도 하지 않았다.

실제로 대우조선의 경영평가 결과를 보면, 산업은행의 경영관리·평가 방식의 문제가 그대로 드러난다.

조선업이 호황이던 2007년부터 2011년까지 대우조선은 빈번히 MOU 상의 순이익 목표와 영업이익률 목표를 초과 달성했다. 순이익 목표 달성률은 2007년 107.1%, 2008년 59.3%, 2009년 128.3%, 2010년 127.9%, 2011년 116.6%였고, 영업이익률 목표 달성률은 2007년 97.5%, 2008년 135.4%, 2009년 103.2%, 2010년 106%, 2011년 104.5%였다. 반면, 조선업 불황의 영향이 미치기 시작한 2012년부터는 대우조선이 분식회계로 부풀린 실적조차도 MOU 목표에 크게 미달했다. 순이익 목표 달성률은 2012년 24.9%, 2013년 83.9%, 2014년 21.8%에 불과했고, 영업이익률 목표 달성률은 2012년 57%, 2013년 84.6%, 2014년 79.2%였다.[9] 대우조선 경영진은 분식회계로 부풀린 실적을 보고하고도, 2012년에 D 등급, 2013년에는 B 등급, 2014년에는 사상 최하의 종합평가점수 69점을 받으며 E 등급 평가를 받았다.[10]

---

9   목표 달성률은 각 년도 MOU 목표와 대우조선의 원래 공시 실적에 근거해 저자가 산정.

10 MOU 평가 결과에 따른 임원 성과급 지급률은 2007년 100%, 2008년 86.1%, 2009, 2010, 2011년 100%, 2012년 50%, 2013년 75%, 2014년 35%였다.

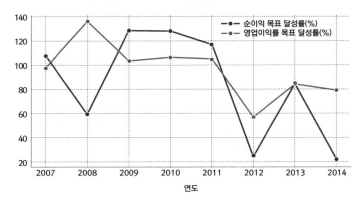

대우조선의 MOU 목표 달성률, 2007~2014년

순이익 목표 달성률(%)
영업이익률 목표 달성률(%)

연도

더욱이 산업은행의 부적절한 경영관리·평가 방식은 경영진의 유인과 행태에 심각한 왜곡을 초래한다. 무엇보다도, 임기 3년의 대표이사에게 매년 순이익 목표치, 영업이익률 목표치 등이 부과되고 그 달성도에 따라 경영진뿐 아니라 회사 전체에 상벌이 가해지므로, 대표이사는 1년 단위의 실적에 목을 맬 수밖에 없다. 경영진이 중장기 경영전략을 세우고 내실 경영이나 경쟁력 강화 등을 추진할 유인과 여유를 갖기 어려운 것이다.

감사원 감사보고서가 지적하듯이, 대우조선의 수주계약은 정관 및 이사회 운영규정에 따라 대표이사에게 위임되어 있었고, 사전에 수주의 적정성을 심의하는 절차는 없었다. 산업은행이 수주의 내용과 질을 평가하지도 않았다. 이런 상황에서, 산업은행은 2013년까지 MOU를 통해 경영진에게 수주 목표액을 부과했다.[11] 이는 경영진의 무리한 수주를 유발한다. 실제로 대우조선은 조선업 시황 악화와 중국 조선업체들의 부상으로 신조선가가 하락하는 상황에서 저가 수주를 하고, 설계 엔지니어링 역량이 미흡한 상태에서 무리하게 해양플랜트 수주를 하여, 대규모 손실을 보게 됐다. 2016년 1월 대우조선 감사위원회가 창원지방검찰청에 제출한 A 전 대표이사의 부실 경영에 대한 진정서는 '전 경영진이 수주실적을 올리는 데 급급해 기술이나 생산역량이 준비되지 않은 상황에서 2010년부터 2012년 사이에 Allseas, Songa, Inpex 프로젝트 등을 저가 수주한 것이 대규모 손실 발생의 원인'이라고 지적했다.

산업은행의 비현실적인 경영목표 부과

대우조선은 매년 1월 이사회에서 연간 손익, 수주, 인력, 투자, 생산 등의 목표를 정한 경영계획을 승인받는다. 이사회가 승인한 경영목표는 일반 직원들에 대한 실적 평가·보상 등에 적용된다. 대우조선이 경영계획을 확정한 뒤, 산업은행은 대우조선 대표이사와 경영 MOU를 체결하는데, MOU 경영목표는 항상 이사회가 승인한 경영계획 목표보다 높게 설정되었다. 2013년의 경우, 이사회가 승인한 순이익 목표는 1,885억 원, 영업이익률 목표는 2.44%인데 비해,

---

11 2013년도 MOU에서는 '수주 목표액'에 더해 '주력 선종 수주 비중'이 들어갔는데, 이는 대우조선의 제안에 따른 것이었다.

MOU의 순이익 목표는 3천억 원, 영업이익률 목표는 3.56%였다. 이사회가 승인하는 경영목표도 달성이 쉽지 않은 것인데, 산업은행은 매년 경영진에게 이보다 상당히 높은 목표치를 부여해 추가 성과를 달성할 것을 요구한 것이다.

그런데 2012년경부터 조선업 불황 등의 영향으로 조선업체들의 수익성이 급속히 나빠지기 시작했다. 2012년에 대우조선과 현대중공업은 전년도 실적의 절반에도 미치지 못하는 실적을 보고했고, 2013년에는 조선 3사의 실적이 모두 하락했으며, 2014년에는 경쟁업체들의 실적이 급격히 추락했다.

조선 3사의 영업이익(연결 기준) 및 이익률, 2010~2014년

단위: 억원

	대우조선		삼성중공업		현대중공업	
	영업이익	영업이익률	영업이익	영업이익률	영업이익	영업이익률
2010년	11,448	8.79%	10,485	8.01%	53,432	11.85%
2011년	10,887	7.83%	10,826	8.08%	45,745	8.52%
2012년	4,863	3.46%	12,057	8.32%	20,055	3.65%
2013년	4,409	2.88%	9,142	6.16%	8,020	1.48%
2014년	4,711	2.80%	1,830	1.42%	−32,495	−6.18%

* 대우조선의 수치는 분식회계를 통해 산정된 원래 공시 실적임.

그러나 산업은행은 계속해서 대우조선 경영진에게 조선업 시황,

업계 전반 및 대우조선의 실적 추세와 괴리된 비현실적인 경영목표를 부과했다. 분식회계에 관여했던 전 대우조선 경영관리팀장은 검찰 조사에서 "통상 MOU 경영목표는 직전년도 목표에서 10% 상향되었다"고 진술했고, 법원에서 "MOU 목표 달성에서 가장 중요한 것은 영업이익 규모"라고 증언했다.

2012년에 대우조선은 전년 대비 55% 급감한 영업이익을 보고했다. 대우조선이 보고한 2012년 영업이익률3.59%은 MOU 목표6.3%에 크게 미달했고, 순이익1,370억 원은 MOU 목표5,500억 원의 25%에 불과했다. 대우조선은 D 등급 평가를 받았다. 감사원의 감사보고서에 따르면, 2013년 4월 산업은행은 "2012년 이익이 전년 대비 급감한 이유를 파악하면서 5개 해양플랜트에서만 3,485억 원의 영업손실이 발생했고 2014년까지 2,071억 원의 영업손실이 추가 발생할 것"임을 확인했다. 그런데도 산업은행은 2013년도 MOU에서 2012년 보고 실적1,370억 원의 두 배가 넘는 순이익 목표3천억 원와 2012년 실적3.59%과 비슷한 수준의 영업이익률 목표3.56%를 부과했다.

2013년에 대우조선은 또다시 MOU 상의 순이익 목표3천억 원 및 영업이익률 목표3.56%에 미달하는 순이익2,517억 원과 영업이익률 3.01%을 보고했고, B 등급 평가를 받았다. 삼성중공업과 현대중공업의 실적도 대폭 하락했다. 하지만 오히려 산업은행은 2014년도 MOU에서 2013년 보고 실적을 크게 상회할 뿐 아니라 2013년도 MOU 목표보다도 높은 순이익 목표3,300억 원와 영업이익률 목표3.79%를 부과했고, 대우조선은 분식회계를 하고도 순이익 목표의 22%, 영업이익률 목표의 79%를 달성하며 E 등급 평가를 받았다.

대우조선의 MOU 경영목표와 공시 실적(별도 기준), 2013~2014년

	2013년			2014년		
	이사회 승인 목표	MOU목표	공시실적	이사회 승인 목표	MOU목표	공시실적
매출액(억원)	142,665	–	140,800	151,500	–	151,595
순이익(억원)	1,885	3,000	2,517	2,750	3,300	720
영업이익률(%)	2.44	3.56	3.01	2.91	3.79	3.0
영업이익(억원)	3,484	5,076	4,242	4,500	5,740	4,543
수주(억$)	130	130	136	145	–	149

결국, 2012년부터 2014년까지의 기간에 대우조선 경영진이 대규모 분식회계를 해서 부풀린 실적조차도 MOU 상의 순이익 목표, 영업이익률 목표에 크게 미달하여, 경영진은 D, B, E 등급 평가를 받았다. 이러한 사실은 산업은행이 부여한 경영목표가 얼마나 현실과 괴리된 과도한 것이었는지를 그대로 보여준다.

대주주가 경영자에게 경영목표를 부과하고 그 목표 달성도를 경

영진의 성과급, 급여, 해고, 일반 직원에 대한 성과성 상여금, 경영개선계획 제출 이행 등과 직결해 놓은 상황에서, 대주주의 비현실적인 경영목표 부과는 경영진의 무리한 경영활동을 유발할 뿐만 아니라 경영진에게 분식회계를 할 강한 압력으로 작용한다. KPMG의 글로벌 ACI 리더인 호세 로드리게스가 한 언론과의 인터뷰에서 이 점을 잘 지적하고 있다.

* [회계업계 신뢰위기] ⑥로드리게스 KPMG 글로벌 리더 "분식회계 가담자, 재기 못하게 해야"
   분식회계는 어떤 한 사람이 악해서 발생하는 것이 아니다. 조직에 일종의 압력이 있을 때 분식회계가 발생한다. 개인이 압력을 받게 되는 것이다.   - 조선비즈, 2016. 7. 13.

* [INTERVIEW] 호세 로드리게스 KPMG 글로벌 감사위원회 지원센터 리더, "실적 압박감 높을수록 회계조작 유혹 느껴..."
   높은 실적 목표를 달성하기 위해 경영진과 직원들이 노력하는 게 나쁜 것은 아닙니다. 하지만 무턱대고 목표를 높게 잡는 것은 회계부정의 원인이 될 수 있어서 경영진은 실적 목표에 대해 보수적인 판단을 내려야 합니다. 비현실적인 실적 목표치를 세우고 이를 급여나 보너스와 연결하는 것은 회계부정 방지 차원에서 절대 바람직하지 않아요. 임직원들이 재무제표상의 매출이나 영업이익 등을 조작하도록 조장할 수 있기 때문이죠.   - 이코노미 조선, 2016. 7. 11.

산업은행은 대우조선의 부실 방만 경영은 방치한 채, 경영진에게 비현실적으로 과도한 경영목표를 부과하고 그 달성도에 따라 상벌을 가했다. 산업은행은 이러한 MOU 경영평가 시스템의 부적절성 및 그로 인한 경영진의 인센티브 왜곡 문제를 인식하지 못하고, 경영진에게 좋은 실적을 낼 것만 요구한 것이다. 산업은행의 연결대상 종속기업인 대우조선의 실적이 좋을수록 산업은행이 경영관리를 잘했다는 평가를 받게 되고, 산업은행의 보유지분 가치와 배당금 수입도 늘어 산업은행의 실적이 좋아지기 때문일 것이다.[12] CEO스코어에 따르면[13], 산업은행은 2009년결산연도부터 2014년까지 6년간 대우조선에서 총 1,318억 원의 배당금을 받았는데, 분식회계가 있었던 2012년, 2013년, 2014년의 결산배당금으로 총 421억 원을 챙겼다.

대우조선의 산업은행 배당금, 2009~2014년

결산연도	2009	2010	2011	2012	2013	2014
배당금(억원)	299	299	299	150	181	90

---

12 금융공공기관들은 금융위원회로부터 경영평가를 받는다. 산업은행은 대우조선이 분식회계로 부풀린 실적을 보고한 2014년에 A등급 평가를 받았고, 대우조선 사태가 터진 2015년에는 C등급 평가를 받았다.

13 "대우조선해양, 분식회계 와중에도 산은에 400억 배당...적자배당 강행" (CEO스코어데일리, 2016. 6. 28.)

대우조선 경영진의 분식회계 유인과 압력

회계전문가들은 '조선업과 같은 수주산업에서는 회사가 입맛대로 실적을 내고 손실 반영시점을 고를 수 있다'고 말한다. 즉, 수주산업에서는 공사진행률[=기 투입원가/총공사예정원가]에 따라 수익을 인식하게 되어 있는데, 총공사예정원가[=기 투입원가 + 발생할 잔여원가] 중 '발생할 잔여원가'는 장래의 원가 요소들을 예측해 추정하는 것이므로, 회사가 이를 임의로 추정해 공사진행률을 높임으로써 쉽게 수익을 과대 계상할 수 있다는 것이다. 이러한 수주산업 회계의 특성만으로도 경영자는 그 임기 중에 자의적인 회계처리로 이익을 부풀리려는 유혹에 빠질 수 있다.

그런데 산업은행은 이처럼 분식회계에 노출되기 쉬운 업종에서, 짧은 임기의 경영자에게 1년 단위로 순이익, 영업이익률 등의 목표를 절대 수치로 부여하고 그 달성도에 따라 경영성과를 평가해 상벌을 가했다. 이런 경영관리·평가 시스템은 경영진에게 좋은 실적 보고에 대하여만 상을 주고 정직한 재무 보고에 대하여는 오히려 벌을 주는 것으로, 경영진에게 공사손실을 예상하고도 이를 제때 반영하지 않을 강한 유인을 갖게 한다. 부실 누적, 조선업 불황 등으로 어려움이 가중되는 시기의 경영자는 더더욱 경영평가에 대한 강한 압박을 받아 분식회계 유혹에 빠지기 쉽다.

대우조선에는 이미 2012년경에 그 이전의 무리한 저가 수주와 무분별한 투자 등으로 상당한 손실이 잠재되어 있었고, 2012년부터 조선업 경기 침체, 미경험 해양 프로젝트에서의 공사원가 증가 등으로 손실이 계속 확대되고 있었다. 경쟁업체들의 실적 또한 급격히 하락했다. 하지만 이런 상황에서 산업은행은 경영진에 대한 과도한 경영목표 부과 및 그와 연계된 상벌 시스템이 경영진의 비윤리적 행위를 유발할 수 있다는 점을 인식하지 못한 채, 계속해서 상당한 흑자 실현만을 요구했다.

산업은행이 부과한 경영목표의 달성 정도는 경영진의 성과급, 대표이사 교체, 사업 구조조정, 인력구조 개편, 원가 절감 등과 직결돼 있다. 또한 MOU에 따라 일반 직원들에 대한 성과성 상여금 지급은 산업은행과 협의해야 하는데, 낮은 평가를 받아 매년 관행적으로 지급해온 성과급을 지급하지 못하게 되면 노무관리에 큰 문제가 생기게 되므로, 경영진은 어떻게든 직원들에게 성과성 상여금이 지급될 수 있도록 해야 했다. 그래서 대표이사와 CFO를 비롯한 경영진에게 경영 MOU에 따른 평점은 매우 중대한 문제였다. 검찰 조사에 따르면, 당시 전무급 이상의 임원들이 참석하는 TMT Top Management Team 회의에서는 주요 해양 프로젝트의 손익상황 및 MOU에 따른 예상 평점이 상시 보고되었고, MOU 목표 달성을 위한 수익성 향상 방안이 논의됐으며, 대표이사는 목표 달성을 위한 실적 제고를 독려했다.

이러한 경영 환경과 상황에서, 산업은행에서 보낸 CFO가 누적된 손실을 일시에 대거 반영하겠다고 나서기는 어려웠을 것이다. 그렇게 한다면 대규모 적자가 발생해 경영진이 성과급 미지급 및 기본급 반납, 대표이사 사퇴 등의 불이익을 받는 외에, 종업원 성과급 미지급으로 인한 노사갈등, 사업 및 인력 구조조정, 금융기관 대출이나 사채발행 등 자금조달 경색, 주가 급락 등이 발생해 일시에 회사가 심각한 위기에 빠질 것이고, 그렇게 되면 산업은행에도 큰 문제가 생길 것이다. 그는 2012년 3월 CFO로 취임해 재무, 회계 업무를 총괄하면서 MOU 목표 달성을 위한 회계처리를 묵인하고 그에 가담했기에, 이미 대표이사와 같은 배에 타고 있었다. 대표이사와 CFO에게 '경영 MOU에 따른 평점 높이기'는 절대적인 과제였고, 이에 이들은 회계처리기준 위반의 비윤리성을 간과하고 경영의 관점에서 기존의 구조화된 회계처리 방식에 편승해 누적 손실을 일시에 반영하지 않기로 한 것으로 보인다.

대우조선의 분식회계 실행 기회

조선업 불황과 조선업체들의 실적 악화

조선업은 세계경기 변동에 따라 업황이 크게 등락한다. 조선업은 2000년 이후 세계 교역량 증가 등에 힘입어 호황을 누리다가,

2008년 글로벌 금융위기 이후 점차 침체에 빠졌다. 세계 선박 수주량이 감소하고, 2007년 호황기에 185.1이던 선가지수는 2012년에 126.3으로 떨어졌다. 조선 3사는 일감 확보를 위해 저가 수주를 했고, 2010년경부터 해양플랜트 사업에 본격 진출했다.

조선업에서 수주는 통상 2, 3년 뒤의 실적으로 연결된다. 조선 3사 모두 저가 수주, 미경험 해양플랜트의 공사 지연과 비용증가, 조선업 불황 등으로 2012년경부터 실적이 나빠지기 시작했다. 해운업 침체로 인해 선박을 인도하고 돈을 받지 못하는 경우도 많아졌다.

조선 3사의 주가지수 값 변동 추이 (2013. 8. 16.~2015. 12. 31)

그림[14]에서 보듯이, 조선 3사의 주가는 2013년 10월경 고점에 이른 이후, 조선업의 불황과 수익성 악화로 인해 2014년 초부터 주식시장 전체코스피 지수의 움직임에서 이탈해 계속 하락하는 추세를 보였다.

조선 3사 지배주주들의 대응

2013년 12월 31일 기준, 삼성중공업은 최대주주인 삼성전자지분율 17.61%와 그 7개 계열사가 지분을 보유하고 있고, 현대중공업은 최대주주인 정몽준지분율 10.15%과 현대미포조선, 아산사회복지재단, 아산나눔재단 등이 지분을 보유하고 있다. 삼성그룹과 현대중공업 그룹은 조선업체의 위기 상황을 인지하고 2014년 초부터 대응에 나섰다.

먼저, 삼성그룹 미래전략실은 2014년 2월부터 삼성중공업에 대해 경영진단 명목으로 저가 수주 실태, 해양플랜트 사업 등에 대한 감사에 착수하고, 인력 축소, 사업구조 개편 등 대대적인 구조조정을 추진했다.[15] 삼성중공업은 2014년 1분기에 해양플랜트 2건의 예

---

14 2013년 8월 16일의 조선 3사의 주가를 각기 모두 100으로 설정한 지수 값이 그 이후 어떻게 변동하였는지를 나타낸 것이다.

15 "삼성중공업, 그룹 감사에 '비상'" (경남일보, 2014. 2. 12.)

상 손실 5천억 원을 반영하며 3,625억 원의 영업손실을 기록했다. 당시 언론은 '삼성중공업이 설립 이래 가장 큰 규모의 적자를 기록했으며, 이 2건의 프로젝트에서 총 7,600억 원의 손실을 입었다'고 보도했다.[16] 삼성중공업은 2분기부터 흑자로 돌아섰으나, 2014년 영업이익1,830억 원은 전년 대비 80% 감소했다.

현대중공업 또한 2014년 2분기에 1조 원대의 영업손실을 기록하면서 적자로 전환했고, 해양플랜트 등의 예상 손실을 파악해 대규모 공사손실충당금을 쌓으면서 2014년에 3조 원이 넘는 영업손실을 기록했다. 현대중공업그룹은 2014년 9월 현대중공업의 경영진을 교체했고, 신임 대표이사는 비상 경영을 선언하고 인력 축소, 조직 슬림화 등 구조조정을 추진했다.

조선업 불황의 골이 깊어지는 가운데 경쟁업체들에서 위와 같이 일이 벌어지고 있다면, 산업은행이 나서 대우조선의 해양플랜트 사업과 재무 상태 등을 점검해보는 것이 정상일 것이다. 그러나 산업은행은 아무런 조치도 하지 않았다. 감사원은 「금융공공기관 출자회사 관리실태」 감사보고서에서 다음과 같이 '산업은행이 대우조선의 재무 상태를 제대로 점검한 일이 없었다'고 지적했다.

---

16 "삼성重, 해양플랜트 2개 프로젝트 전체 손실 7,600억" (머니투데이, 2014. 4. 28.)

* 감사원(2016), 「금융공공기관 출자회사 관리실태」 감사보고서

대우조선해양은 2013. 2. 22. 「여신지침」에 따른 재무이상치 분석시스템 등을 활용한 재무상태 분석대상에 포함되게 되었다. 한편 조선, 건설 등 공정이 장기간 진행되는 수주업에서 총예정원가를 과소 추정하여 공사진행률을 실제보다 높이는 등의 회계분식이 빈번하게 발생하고 있었고, 2013년 1분기 이후 이러한 회계분식 의혹이 언론보도 등을 통해 잇달아 제기되고 있었다...또한 산업은행은 2013년 4월 대우조선해양으로부터 2012년 영업이익 및 당기순이익이 전년 대비 대폭 악화된 원인을 보고받아 해양플랜트 사업의 손실 위험을 알고 있었고, 장기간 진행되는 해양플랜트의 특성상 추가 손실발생 가능성도 높아 여신 리스크 관리를 위한 주의를 기울일 필요가 있었다.

따라서 산업은행은 대우조선해양의 회계처리 적정성 점검 및 여신 리스크 관리와 관련하여 재무이상치 분석시스템 등을 통해 재무상태 분석을 철저히 하고, 이를 통해 검증된 재무자료를 기초로 재무구조 평가를 실시하여 재무구조 개선약정 체결 등 필요한 조치가 적기에 이루어지도록 하여야 했다. 그런데 산업은행은 2013년 2월 이후 대우조선해양을 재무이상치 분석시스템 등을 활용한 재무상태 분석대상으로 한 번도 선정하지 않는 등...재무상태 분석업무를 소홀히 하였고...재무자료의 진위 규명 등 사후조치도 2015년 6월 현재까지 실시하지 않고 있었다.

삼성중공업과 현대중공업의 경우, 2014년에 지배주주가 나서 회사의 경영 상태를 점검하고 대규모 손실 반영과 구조조정을 추진했다. 하지만 대우조선의 대주주인 산업은행은 자신이 보낸 CFO의 보고만 믿고 아무런 점검도 하지 않았고, 대우조선은 2015년 1분기까지 분식회계로 손실을 은폐했다. 대우조선의 부실은 2015년 5월경 취임한 신임 대표이사가 자체 재무 실사를 진행함으로써 드러났다. 당시 산업은행장은 2015년 9월 국회 정무위원회의 국정감사에서 '당시 대우조선 경영진의 보고와 안진의 회계검토자료에 의존할 수밖에 없어서 신임 대표이사의 실사 결과를 보고받기 전까지 부실을 알지 못했다'고 변명했다.

산업은행이 대우조선의 부실한 내부통제 문제를 알고도 방치한 것도 분식회계를 가능케 한 요인이 되었다. 이에 관해 감사원 감사보고서는 다음과 같이 지적했다.

산업은행은 2012. 1. 13. 대우조선해양에 '경영진으로부터 독립성을 갖는 상근감사위원 제도 도입, 대표이사 소속 내부 감사부서를 감사위원회(상근감사위원) 직속으로 변경, 손실 프로젝트에 대한 감사 재개, 자회사 감사기능 확충, 감사부서의 상시 모니터링 기능 정상화 등을 요구했다...그런데 대우조선해양이 위 조치요구에 대하여 상근감사위원 제도 도입은 기타비상무이사 제도 도입으로 대신하고 내부 감사조직의 편제는 그대로 두며 다만 내부감사조직의 감사위원회 지원을 강화하겠다고 하였는데도 불구하고, 산업은행은 조치 요구사항을 모두 이행한 것으로 처리하였고, 그 결과 상근감사위원 제도가 도입되지 않고 손실 프로젝트에 대한 감사가 적기에 실시되지 못하는 등 내부통제가 부실하게 되었다.

대우조선 분식회계의 구조적 원인

회사가 좋은 성과를 내도록 하기 위해서는 임직원들에 대한 목표 설정, 성과 모니터링 및 성과에 따른 보상 등이 필요하다. 하지만 M.H. Bazerman Harvard Business School 교수 & A.E. Tenbrunsel University of Notre Dame 교수이 지적하는 바와 같이[17], 부적절한 목표 부과 및 그 달성도에 따른 상벌 조치는 그 대상자들을 목표 달성에만 매달리게 해 비윤리적인 행위를 유발할 수 있다. 그래서 목표를 설정 부과할 때는 그 대상자들의 관점에서 대상자들이 목표 달성을 위해 어떤 행위를 할 수 있는지를 심사숙고해야 한다. 대상자들이 처한 상황에서 대상자들이 어떻게 대응할 수 있는지는 생각하지 않은 채, 그저 실적 목표를 부과하고 그 달성도에 따라 상벌을 가하는 것은 대상자들의 비윤리적인 행위를 촉진하는 것이다.

---

17 M.H. Bazerman & A.E. Tenbrunsel, "Ethical Breakdowns", *Harvard Business Review* (April 2011)

1990년대 미국의 Sears, Roebuck & Co.에서 일어난 일이 그런 사례의 하나다.[18] 이 회사 경영진은 자동차 정비공들의 작업 속도를 높일 목적으로 이들에게 시간당 147 달러의 매출 목표를 부과했다. 하지만 정비공들은 작업 속도를 높이는 대신, 멀쩡한 부품을 교체하는 등 불필요한 정비를 하는 방법으로 고객들에게 바가지를 씌워 목표를 달성했다. 경영진이 정비공들에 대한 매출 목표 부과가 그들에게 어떤 행위를 부추길 수 있는지는 살펴보지 않고, 그저 목표만 부과함으로써 부지불식간에 정비공들의 사기행위를 유발한 것이다.

대우조선 분식회계 사태도 이와 다르지 않다. 산업은행은 대우조선이 처한 상황이 어떠한지, 부과한 경영 목표가 합리적인 수준인지, 경영진이 목표를 달성하기 위해 어떤 행동을 할 수 있는지 등은 살펴보지 않은 채, 조선업 불황 등으로 어려움이 가중되는 시기의 경영진에게 비현실적인 목표를 부과하고 그 달성도에 따라 보상이나 제재를 함으로써 회계부정을 촉진했다.

결국, 대우조선 분식회계의 구조적 원인은 산업은행의 잘못된 경영관리·평가 시스템에서 찾을 수 있다. 산업은행은 대우조선의 경영에 대한 관리·감독은 소홀히 한 채, 조선업 특성에 맞지 않는 경영관리·평가 방식을 적용함으로써 대우조선 경영진에게 무리한 경영

---

18 Bazerman & Tenbrunsel, 앞의 논문.

활동과 분식회계를 할 유인을 제공했다. 특히 2012년경부터 조선업 불황, 미경험 해양플랜트의 공사 차질과 원가 증가, 해외 자회사 등의 부실화로 손실이 계속 확대되는 상황에서도, 대우조선의 핵심 문제는 외면한 채 계속해서 경영진에게 비현실적인 목표를 부과해 분식회계를 할 강한 압력을 가했다. 그리고는 산업은행 부행장 출신 CFO의 보고만 믿고 아무런 점검도 하지 않음으로써 대우조선 경영진이 분식회계를 실행할 기회까지 제공했다.

대우조선의 대규모 손실 은폐 사실이 드러나자, 산업은행 기업금융4실장은 2015년 8월 일신상의 이유로 대우조선의 감사위원기타비상무이사직에서 중도 퇴임했다. 산업은행은 2018년에 퇴직 부행장을 대우조선 CFO로 보내는 관행을 중단하고 외부의 재무 전문가를 CFO로 선임했다. 누구보다 대우조선의 부실을 먼저 알고 대처했어야 했을 산업은행은 대우조선 경영진에게 부실의 책임을 돌리고, 대우조선 사태에 대해 별 책임을 지지 않았다.

대우조선 지배구조의 근본적 결함

대우조선은 방위산업 부문의 경쟁력과 세계 최고 수준의 LNG운반선 건조기술을 가진 회사다. 이처럼 차별화된 기술력을 갖춘 조선사가 어쩌다 '혈세 먹는 하마'가 된 것인가?

대우조선은 1999년 8월 대우중공업의 한 부문으로 워크아웃에 들어갔고, 2000년 대우중공업에서 분할되어 독자법인대우조선공업이 되었으며, 2001년 8월 워크아웃을 졸업했다. 이 과정에서 채권단의 출자전환이 이뤄져 대우조선은 2001년 12월 산업은행지분율 40.82%의 자회사가 됐다.

산업은행은 여신취급 기업이 유동성 위기 등으로 구조조정이 필요할 때 재무구조 개선을 위한 출자전환기존 대출금을 주식으로 전환을 실시한다. 출자전환 기업의 경영정상화가 완료되면 출자전환의 목적이 달성된 것이니, 당연히 산업은행은 책임경영 능력을 갖춘 투자자에게 신속히 출자전환 주식을 매각해 원래의 채권을 회수해야 한다. 경영정상화가 완료된 기업의 출자전환 주식을 장기간 보유하고 있으면, 그 기업이 다시 부실화되어 은행의 건전성이 악화될 위험이 있고, 다른 구조조정작업의 재원 확보도 어려워진다.

그런데 산업은행은 2001년 8월에 워크아웃이 종결된 대우조선의 출자전환 주식을 이런저런 이유로 매각하지 않고 계속 보유하며, 대우조선 경영을 관리해왔다. 그러는 사이에 대우조선에서는 국책은행 소유·지배의 본질적인 한계와 결함에 따른 문제들이 계속 발생했다. 대우조선 경영진의 무리한 외형 확장 등 보여주기식 경영, 정치권에 대한 대표이사 선임·연임 로비, 대표이사의 업무상 배임과 배임수재 등 임직원의 비리[19], 산업은행과 대우조선 경영진 간의 마찰 갈등[20], 산업은행 퇴직자의 낙하산 인사, 산업은행의 부적절한 경영관리, 산업은행과 그 임직원들의 제 잇속 챙기기[21] 등이 그런 사례다. 산업은행의 대우조선 소유·지배가 장기간 지속되면서 이런 문제들이 누적되어 대우조선의 부실은 커졌고, 결국 부실 은폐를 위한 대규모 회계부정까지 발생하게 됐다. 대우조선은 다시 부실화되어 또 한 번 대규모 공적 자금의 지원을 받아야만 했다.

지배구조에 중대한 결함이 있는 기업은 망가질 수밖에 없다. 산업은행은 2001년부터 대우조선의 출자전환 주식을 계속 보유하며 대우조선을 자회사로 관리했고, 정부는 대우조선을 국책은행의 자회

---

19 [판결] '대우조선해양 비리' 남상태 전 사장, 징역 5년 확정 (법률신문, 2019. 6. 13.)

20 대표적인 사례로, 2008년 9월 당시 대우조선의 C 대표이사는 산업은행에서 보낸 부행장 출신의 감사실장과 마찰을 빚자 감사실장을 부당하게 직권 해임하고 감사실을 폐지했다. 감사원(2016), 「금융공공기관 출자회사 관리실태」 감사보고서.

21 "부실 커지는데 '판촉협력 안하냐' 대우조선 망친 산은 카르텔" (머니투데이, 2016. 6. 13.); [형사] "산업은행장 요구로 국회의원에 후원금 낸 대우조선해양 전 대표, 뇌물 유죄" (Legal Times, 2019. 12. 19.)

사로 둘 이유가 없는데도 이런 비정상적인 소유·지배를 방치했다. 대우조선은 지배구조에 심각한 결함을 갖게 됐고, 이것이 대우조선 사태를 초래한 근본 원인이 됐다.

5
회계전문가들 - '가재는 게 편'인가

대체로 공인회계사들은 자신들이 받는 신뢰에 성실하게 부응해왔다. 그러나 회계사들이 그 신뢰를 저버린 경우, 잘못이 있고 책임을 져야 하는 자는 회계사들의 직업적 전문성을 선의로 신뢰한 사람들이 아니라, 회계사들 자신이다.

- Justice Powell, U.S. Supreme Court (1981)

회계 감사인에 대한 형사판결

회계전문가들의 희망적 관측

2015년 7월 15일 언론보도를 통해 대우조선의 대규모 손실 은폐 사실이 알려진 뒤, 대우조선은 2015년 8월 반기보고서에서 자체 실사를 통해 파악한 손실을 일시에 반영해 3조 원대의 영업손실과 2조 4천억 원대의 당기순손실을 공시했다. 급작스러운 대규모 적자 발생에 대해, 안진회계법인은 2015년도 반기 검토보고서에서 '공사계약금액 증액 가능성의 현저한 감소, 해양 프로젝트 공사원가의 급격한 증가 등의 사유로 당 반기 중 2조4천억 원대의 순손실이 발생했다'고 기재했다. 그간 은닉된 손실을 반영해서가 아니라 2015년에 발생한 외부 요인으로 인해 대규모 적자가 났다는 것이었다.[1]

2016년 1월 금융감독원이 대우조선에 대한 회계감리에 착수했다. 과거 재무제표에는 문제가 없다던 안진은 2016년 3월 대우조선 측에 2013년도 및 2014년도 재무제표의 정정을 요구했고, 대우조선은 그 요구에 따라 각 재무제표를 정정했다. 안진은 "2015회계연도 감사 과정에서 과거 재무제표상의 오류를 발견해 재무제표 재작성을 권고"한 것이라고 해명했다. 과거 감사에서 재무제표가 잘못된 것을 몰랐다가 2015년도 감사 과정에서 알게 됐다는 것이다. 언론에서는 '안진이 정상참작을 통해 금융당국의 징계 수위를 낮추기 위해서 스스로 감사과정에 오류가 있었음을 인정한 것'이라고 보도했다.[2]

안진이 과거의 감사 오류를 인정하자, 분식회계를 알고도 묵인했던 것 아니냐는 의혹이 제기됐다. '대우조선의 회계 문제를 예견할 수 있었다'는 전문가의 진단이 나왔다. 정도진 중앙대 교수는 2016년 7월 한 언론과의 인터뷰에서 "대우조선해양의 회계절벽은 충분

---

1 "'건조 경험 부족해 원가 증가' 안진회계법인, 대우조선 분식 가능성 일축" (이데일리, 2015. 8. 18.)
2 "대우조선, 손실 2조 축소…딜로이트의 실토 '파문'" (한국경제, 2016. 3. 24.)

히 예상 가능했다"며, "외부감사인은 의견거절을 통해 문제를 알릴 의무가 있었는데, 그것도 이뤄지지 않았다"고 지적했다.[3] 하지만 2016년 11월 검찰이 안진 감사팀 회계사들을 회계사기 묵인 혐의로 기소하기 전까지, 회계전문가들 대다수는 감사팀 회계사들이 분식회계를 발견하지 못했을 것으로 봤다.

이만우 고려대 교수는 2016년 6월 한 언론과의 인터뷰에서 "회사에서 미래 전망 자료를 주지 않으면 감사인은(해양플랜트에서 얼마나 손해가 날 것인지) 알 수가 없다. 감사인은 과거 실적은 추정 가능하지만 미래 실적에 대해선 예측이 불가능하기 때문"이라며, "압수수색권이 없는 외부감사인에게 부실감사 책임을 지우는 것은 큰 문제"라고 비판했다.[4]

최종학 서울대 경영대학 교수는 2016년 7월 언론 기고문을 통해 "대우조선해양 쪽에서 작정하고 회계장부를 조작했다면, 해양플랜트 건설 관련 기술에 대해 잘 알지 못하는 회계사들이나 산업은행 관계자들이 설계도면이나 회계장부를 보고 총공사 예정 원가가 실제보다 낮게 추산돼 있다는 점을 찾아내기란 매우 어려웠을 것"이

---

3 [회계업계 신뢰위기] ⑧ 정도진 중앙대 교수 "기업 회계부실 적발하는 독립기관 만들어야" (조선비즈, 2016. 7. 20.)
4 [회계업계 신뢰위기] ② 이만우 교수 "부실감사, 회계법인 대표도 책임져야" (조선비즈, 2016. 6. 9.)

라는 견해를 밝혔다.[5] 그는 2016년 11월 한 언론과의 인터뷰에서도 "대우조선해양처럼 수주산업의 경우 진행률을 기준으로 회계처리를 하는데, 진행률 계산은 회계사가 잘 알지 못하는 전문기술과 관련된 분야라서 회사가 속이면 회계사는 꼼짝없이 당하게 된다"며 "고의적인 분식회계에 대해서는 강도 높은 처벌이 뒤따라야 한다"고 강조했다.[6]

노준화 충남대학교 교수는 2016년 9월 한 언론과의 인터뷰에서 '수주산업 회계는 거의 다 추정이어서 산업을 잘 아는 회계전문가라도 분식회계를 찾아내기 어렵다'며, 대우조선의 분식회계는 "회계법인이 절차를 잘 안 지켜서 나온 문제가 아니"라고 진단했다.[7]

금융당국의 조사·감리 결과 및 법원의 판단

불행히도 '안진 감사팀이 대우조선의 분식회계를 알지 못했을 것'이라는 회계전문가들의 '희망적 관측wishful thinking'은 완전히 빗나갔다.

---

5 "사외이사에 法的 책임만 묻는다면 분식회계 줄어들까" (Premium Chosun, 2016. 7. 8.)
6 [회계부정 감시망을 다시 세우자 ⑤ 최종학 서울대 경영대학 교수] "분식 견제할 사외이사 법적 책임 강화해야" (내일신문, 2016. 11. 15.)
7 [회계업계 신뢰위기] ⑬ 노준화 교수 "수주기업 재무제표는 모두 추정치, 수주기업 상장 막아야" (조선비즈, 2016. 9. 1.)

2017년 4월 금융위원회는 안진에 대해 '공사예정원가 산정 등에서의 회계처리기준 위반사실을 인지하고도 묵인한 사실, 회계 자문업무 등을 수행함으로써 독립성 법규를 위반한 사실, 금융감독원에 위·변조된 감사조서를 제출한 사실 등'을 인정하여, 과징금 16억 원, 1년간 신규 감사업무 금지 등의 제재를 했고, 위조한 감사조서 제출에 대해 과태료를 부과했다.[8]

또한, 안진 및 안진 감사팀 회계사들에 대한 형사판결[9]에서, 법원은 "감사팀이 대우조선의 총공사예정원가 처리가 회계기준에 위반된다는 사실 및 이러한 사실이 산업은행 등 외부에 공개되지 않도록 은폐해야 한다는 인식을 대우조선 측과 공유하고 있었다"며, '감사팀이 대우조선의 회계부정을 알고도 묵인하고 그에 동조해 분식회계를 도와주고 외부에 대응할 논리까지 마련해 주는 등 회계부정을 은폐한 사실'을 인정했다. 나아가 법원은 '감사팀이 2014회계연도 기말 감사조서를 변조한 사실, 자신들의 책임을 감추기 위해 2015년 반기 검토보고서에 대규모 손실 발생의 원인에 대해 허위로 기재한 사실' 등도 인정했다.

---

8   안진회계법인에 대한 '조사·감리결과 지적사항 및 조치내역' (증권선물위원회 2017. 3. 24. 의결, 제6차 금융위원회 2017. 4. 5. 의결).

9   서울중앙지방법원 2017. 6. 9. 선고 2016고합1357, 2017고합57(병합) 판결, 서울고등법원 2017. 12. 7. 선고 2017노1888 판결.

회계 감사인의 감사위원회 기망(欺罔)

대우조선의 분식회계 관련자들이 검찰 조사에서 한 진술을 통해, 대우조선의 경영진이 실제 손익현황 자료를 비밀로 관리하고 사외이사들에게 분식회계를 의심하게 할 수 있는 정보를 철저히 차단하면서 분식된 자료만 보고한 사실이 드러났다. 아래는 대우조선의 A전 대표이사가 검찰 조사에서 진술한 내용이다.

문   공시되는 자료가 올라가는 것뿐이고, 해양플랜트에서의 대규모 손실상황은 일부 사람들만 정확하게 그 수치를 알 수 있도록 사실상 비밀리에 관리되고 보고되고 있었는데, 공식적으로 보고되는 것이 무슨 의미가 있다는 것인가요.

답   매 분기의 공시되는 자료가 아니라, 매주 (또는 격주) 단위로 CFO로부터 직접 보고되는 전자문서입니다. TMT에는 회사의 전체 부문 20명 내외의 임원이 참석하는데, 그것이 비밀회의라고 보기는 어렵겠습니다.

문   TMT에 참석하는 사람들은 모두 다 대우조선해양의 임원진이고, 그 사람들끼리만 공유하는 자료일 뿐만 아니라, 회의 자료는 표지에 "Strictly Confidential"이라고 기재되어 있고, 나아가 핵심 손실상황이 나와 있는 곳은 "비밀, 대외비, 회람 금지"라고 표기되어 있는데, 어떻게 비밀이 아니라는 것인가요.

답 제가 말씀드리는 것은 비밀 사항이기는 하지만, 회의 자체가
   소수만 참여하여 비밀리에 운영되는 것은 아니라는 취지로 말
   씀드린 것뿐입니다.

문 이러한 자료가 이사회에 보고된 적 있는가요.

답 이사회에는 회계팀에서 준비하는 손익자료가 올라가고 있습
   니다.

문 그렇다면 앞에서 말한 1조7,906억 원의 손실 발생이 추정된다
   는 자료는 이사회에 보고된 적이 없다는 것이지요.

답 예, 그렇습니다. 그러한 자료는 보낸 적이 없는 것 같습니다.

이처럼 대우조선 경영진이 사외이사들에게 회사의 실제 손익추
정 자료를 숨기고 분식된 자료만 보고하는 상황에서, 안진 감사팀은
회계부정을 인지하고도 감사위원회에 어떠한 경고사항도 통보한 바
없었을 뿐만 아니라, 감사위원들의 질문이나 확인 요구에 대해 회계
처리에 문제가 없다는 믿음을 갖게 하는 보고와 답변을 했다. 법원
이 인정한 바와 같이, 감사팀은 '분식회계 사실을 은폐해야 한다는
인식을 대우조선 측과 공유'했던 것이다. 삼성중공업과 현대중공업
이 대규모 손실을 반영했던 2014년의 경우를 살펴보자.

2013년 12월 금융감독원이 '장기공사계약 관련 수익인식'을
2014년 테마감리 대상으로 정하고 조선업을 기획감리 분야로 선정

했다.[10] 안진의 품질관리실은 감사본부 회계사들에게 이 사실을 알리고, "증가한 총예정원가를 반영하지 않는 방식으로 진행률을 높게 추정해 공사수익과 매출채권을 과대 계상하는 사례, 예정원가를 임의로 낮추는 방법으로 공사진척도를 높여 공사수익을 조기에 과다하게 인식하는 사례가 있으니 유의하라"며, "이상 징후 파악을 위한 분석적 절차를 수행하고 이상 징후가 발견된 항목에 대하여는 반드시 추가적 감사절차를 수행할 것"을 촉구했다. 이에 안진의 대우조선 감사팀은 2014년 5월 감사위원회에 제출한 자료에서, "삼성重, 해양플랜트 2개 프로젝트 전체 손실 7,600억"이라는 언론보도 기사 머니투데이, 2014. 4. 28.를 인용하며 공사예정원가 산정의 중요성을 강조한 뒤, "공사예정원가를 중점 감사하되 특히 해양플랜트 위주의 대규모 프로젝트에 맞추어 집중 감사를 실시하겠다"고 보고했다.

삼성중공업이 2014년 1분기에 해양 프로젝트의 손실을 반영하며 적자 전환하자, 나를 비롯한 사외이사들은 회사의 손익상황이 우려되어 경영진과 외부감사인에게 여러 차례 질문과 확인을 했다. 대표이사는 '일부 프로젝트에서 공사 차질이 있으나 발주처에서 체인지 오더를 통해 돈을 더 받을 수 있고, 공사가 많이 진척되었으므로 인도하면 해결된다'고 답변했고, CFO는 '해양 프로젝트 부분에 대해 2012년부터 꾸준히 손실충당금을 쌓아 2014년 상반기까지 1조 원

---

10 대우조선은 금융감독원의 2014년 기획감리 대상에 포함되지 않았다.

이상 반영했다'고 보고했으며, 체인지 오더에 의한 상당한 계약가 증액 실적도 보고했다. 이에 더해, 안진 감사팀은 회사의 선제적인 충당금 설정이 흑자 유지의 한 요인이라는 '조선 3사의 재무 및 손익현황 비교분석' 결과를 제시하며 경영진의 진술을 확인해주었고, '해양플랜트 위주로 공사예정원가를 집중 감사하겠다'며 실시한 회계감사에서 매번 '적정의견'을 보고했다.

이처럼 대우조선이 회계사도 알기 어렵다는 공사예정원가 조작 등의 수법으로 분식회계를 하면서 그에 대해 철저한 보안을 유지했고, 여기에 외부감사인까지 협력해 전문지식을 동원해 분식회계를 은폐했기 때문에, 사외이사들이 할 수 있는 '상당한 주의'로는 회계 전문가들에 의해 조직적으로 은폐된 분식회계를 발견할 수 없었다. 어떤 전문가도 대우조선의 회계부정을 의심하지 못했다. 매년 산업은행에 대한 회계감사 절차의 일환으로 대우조선의 재무제표 및 이에 대한 안진의 감사 절차를 점검한 산업은행의 외부감사인삼정회계법인조차 분식회계의 징후를 포착하지 못했으며[11] 산업은행, 대우조선 회사채를 인수한 증권사들, 증권사 애널리스트들, 금융투자회사들, 기관투자자들 또한 대우조선의 재무제표와 감사보고서를 검토하고도 분식회계를 의심하지 못했다.

---

11 삼정회계법인 소속 회계사는 안진 및 그 감사팀 회계사들에 대한 형사사건 재판에 출석해 '안진 감사팀이 작성한 감사조서를 열람했는데 조서에 특별한 이상이 없다고 판단했다'는 취지의 증언을 했다.

회계사들의 일탈에 대한 회계전문가들의 인식과 태도

참여연대·청년공인회계사회의 사외이사 고발

안진 및 그 소속 회계사들에 대한 형사사건 1심에서 2017년 6월 회계사들에게 실형이 선고되자, 청년공인회계사회회장 이총희는 판결을 비난하는 보도자료를 냈다. 이들은 법원이 '갑을관계라는 감사인들의 구조적 취약점을 회계부정 묵인·방조로 보아 실무자급 회계사들에게 강한 처벌을 내렸다'고 비판하고, '재무제표와 영업보고서가 적정하다고 내부 감사보고서에 허위 기재한 대우조선 사외이사감사위원들은 5년 정도의 징역형을 받아야 한다'고 주장했다.

* **"모순의 결정체, 대우조선해양의 재판"**

  외부감사인이 회계부정을 묵인/방조해서 적정의견이라고 허위기재한 것이라면 회사의 감사위원들도 명백히 허위기재를 한 것이다...관행을 타파하고 싶었다면 필요적 상설기구인 감사위원의 관행을 먼저 타파해야 했고, 그러려면 CEO의 10년과 회계사들의 2년 사이인 5년 정도의 징역형은 선고가 되었어야 한다...회계사들이...열심히 감사를 했으나 밝혀내지 못한 것에 대해 징계를 한다면 지금도 기피하는 감사를 누가 하려고 할지 걱정이다.

  − 청년공인회계사회 2017. 6. 20. 보도자료

2017년 7월 참여연대와 청년공인회계사회는 나를 비롯한 사외이사들이 '감사위원으로서 회계 분식을 충분히 인식할 수 있었는데도 그 직무를 방기하는 방법으로 경영진의 회계부정을 용인, 방조했다'며, 사외이사들을 회계부정 공모 혐의로 경찰청에 고발했다. 청년공인회계사회는 "감사위원들이 조금의 노력만 기울이면 회계부정을 알 수 있는 사정들이 나타났다. 처벌을 받은 회계사들과 마찬가지로, 충분히 (분식회계를) 알 수 있었으면서 조치를 취하지 않은 감사위원들은 처벌받아 마땅하다"며 감사위원들의 실명을 열거하고 비난하는 보도자료를 냈고[12], 그 내용은 여러 언론을 통해 보도됐다.[13]

검찰 수사, 금융당국의 조사·감리 및 법원 판결을 통해 안진 감사팀이 회계부정을 인지하고도 묵인·은폐하고 감사위원들을 속이면서 계속 '적정의견'을 낸 사실이 확인됐다. 그런데도 청년공인회계사회는 '회계감사는 기본적으로 회사의 기록과 문서에 대한 신뢰에 바탕을 둔 절차다. 합리적인 선에서 의심을 끊을 수밖에 없다. 결과만 놓고 (회계사들을) 처벌해서는 안 된다'면서[14], 감사위원들에 대하여는 '충분히 회계부정을 알 수 있었다'며 회계부정을 막지 못한 책임을

---

12 "대우조선해양 감사위원 등 고발에 대한 입장" (청년공인회계사회 2017. 7. 25. 보도자료)

13 "참여연대 청년회계사회, 대우조선 감사위원 등 14명 경찰 고발" (조선비즈, 2017. 7. 25.)

14 "모순의 결정체, 대우조선해양의 재판" (청년공인회계사회 2017. 6. 20. 보도자료)

사외이사들에게 돌렸다.

대우조선 감사팀 회계사들에 대해 2017년 12월 항소심에서 1심
과 같은 형량이 선고되자, 청년공인회계사회는 또다시 '감사위원들
이 외부감사인보다 회계부정에 대한 책임이 더 엄중하다'며 감사위
원들의 처벌을 촉구하는 보도자료를 냈다.

> **＊ "대우조선해양 감사위원의 조속한 수사를 촉구한다"**
>
> 우리는 회계사들의 잘못된 관행뿐만 아니라, 회계부정의 주체인
> 기업의 잘못된 관행을 엄중히 처벌하기를 촉구한다. 특히 회계부
> 정에 있어 외부감사인보다 책임이 엄중해야 할 내부감사들, 대우
> 조선해양의 경우 감사위원에 대한 수사를 조속히 하기를 촉구한
> 다...외부감사인의 권한을 충분히 행사하지 못하는 잘못된 현실에
> 는, 이를 감독해야 하는 이사(사외이사)/감사(감사위원)의 직무유기
> 가 자리 잡고 있다.   - 청년공인회계사회 2017. 12. 8. 보도자료

하지만 2018년 3월 경찰청은 피고발인들에 대해 '혐의 없음' 의
견으로 사건을 서울중앙지방검찰청으로 송치했다. 이에 대해 청년
공인회계사회는 "거수기 감사위원(사외이사)을 장려하는 결정"이라
고 비난하는 보도자료를 냈다.

> **＊ "대우조선해양 감사위원(사외이사)의 혐의 없음 의견, 거수기 감**

사위원(사외이사)을 장려하는 결정이다"
외부감사인이 회계부정에 대해 인지했다고 판단했다면, 그 앞 단계인 내부감사인이나 작성자의 책임이 더 크면 컸지 결코 작을 수가 없다. 이들의 책임이 작다고 사법당국이 인정한다면 사외이사나 감사위원들이 거수기로 행동할 때 더 안전하다고 스스로 인정해 준 꼴이 된다.   - 청년공인회계사회 2018. 3. 22. 보도자료

당시 청년공인회계사회 회장은 한 언론과의 인터뷰에서, "열심히 감사했지만 부정을 발견하지 못했거나 피감 회사와의 이견으로 문제점을 감사의견에 반영하지 못한 감사인(공인회계사)에 대해선 회계부정 혐의를 인정하고, 모르쇠로 일관했던 내부 감사인들에게는 죄를 묻지 않는다면 누가 열심히 감사를 하겠는가"라며, "감사위원들에게 더 큰 책임을 물어야"하고 "감사위원들이 무죄라면 외부감사인 역시 무죄"라고 주장했다.[15] 당시 감사인연합회 회장은 "사외이사의 본질은 경영진을 감시하는 것이라 책임은 더 엄해야 하는데 경찰이 무혐의 의견을 낸 것은 사외이사의 역할에 대한 인식부족"이라고 비판했다.[16]

2020년 2월 서울중앙지방검찰청은 사외이사들에 대해 '혐의 없

---

15 "회계사는 감옥 가고 회계팀장, 사외이사는 면피?...'스튜핏!'" (Daily NTN, 2018. 3. 22.)

16 "대우조선 분식회계, 회계사에겐 징역형...감사위원은 무혐의?" (조세일보, 2018. 3. 27.)

음'의 불기소 처분을 했다. 검찰청은 "대우조선을 관리·감독하는 산업은행이 파견한 감사위원도 회계분식을 인식하지 못한 점, 대우조선의 회계분식은 경영진과 회계부서 등 임직원들이 공모하여 조직적으로 이루어졌고 여기에 안진회계법인 감사팀이 일부분 협력하여 이루어졌으므로 회계 비전문가는 이를 알기 어려운 점, 감사위원들은 이사회 및 감사위원회에 참석하여 안건에 대해 반대도 하고 유보도 하는 등 감사위원 및 사외이사로서 적극적으로 활동하였던 점 등을 종합하면, 회계분식의 방조 사실을 인정하기 어렵다"고 밝혔다.

앞서 안진 소속 회계사들에 대한 형사판결, 경찰의 감사위원들에 대한 '무혐의' 결정 등을 맹비난했던 청년공인회계사회는 검찰의 '무혐의' 결정에 대하여는 입을 다물었고, 검사의 불기소 처분에 대해 고등검찰청에 항고할 수 있는데 하지 않았다.

2016년에 대우조선 비리에 대한 전방위 수사를 벌인 검찰이 감사위원들에게 비리를 묵인·방조한 혐의가 있는지를 조사하지 않았을 리 없다. 2016년 6월경 "검찰이 감사위원회의 분식회계 방조 묵인 여부를 확인하는 것으로 알려졌다"는 언론보도도 나왔다.[17] 검찰이 사외이사들에게 어떤 혐의라도 둘 정황을 발견했다면 당연히 사외이사들을 불러 조사했을 텐데, 그런 일은 없었다. 그로부터 1년 뒤인 2017년 7

---

17 "〈대우조선 수사〉 부실에 눈감은 '낙하산 감사위원회'" (문화일보, 2016. 6. 9.)

월, 참여연대와 청년공인회계사회가 사외이사들을 경찰청에 고발했다. 안진 감사팀 회계사들이 분식회계를 묵인·방조한 죄로 실형을 선고받자, 판결을 비난하며 그 분풀이로 '회계사들과 마찬가지로 감사위원들도 처벌받아 마땅하다'며 사외이사들을 고발한 것이다. 경찰이 무혐의 결정을 내리자 청년공인회계사회는 또 경찰을 비난했는데, 검사의 무혐의 결정에 대하여는 함구했고 항고하지도 않았다.

검찰의 무혐의 결정이 확정된 뒤, 나는 청년공인회계사회 측에 '사외이사들의 실명을 공개하며 비난한 보도자료를 인터넷 사이트 등에서 삭제할 것, 고발 사건의 결과를 공지할 것'을 요구했다. 아무런 답도 없었다. 청년 공인회계사라는 사람들이 보인 행태에서 청년다운 용기, 회계 전문직의 윤리와 책임 의식은 보이지 않았다. 나는 이들에게 명예훼손에 대한 책임을 물으려 했다가, 손해배상청구 소송에 대한 대응에 집중하자는 유승정 변호사의 조언을 따랐다.

대우조선 사태에 대한 회계전문가들의 진단과 처방

대우조선의 회계부정에 더해 외부감사인의 회계부정 묵인·협력 사실까지 드러나자, 형편없이 낮은 우리나라의 회계투명성 문제[18]에 대해 회계업계와 학계에서 여러 진단과 대책을 내놨다.

---

18 국제경영개발원(IMD)에 따르면 2015년 우리나라 회계투명성은 조사대상 60여 국가 중 60위였다.

먼저, 회계업계에서는 '회사와 회계법인회계사 간의 갑을관계'를 탓하며, 회계감사 시스템의 전면 개편, 분식회계 기업과 그 관련자들에 대한 처벌 강화, 기업 내부의 감시체계 강화 등을 주장했다. 주장의 요지는 다음과 같다.[19]

- 회계법인의 도덕적 해이만 탓할 수 없다. 회사 경영진이 감사인을 선임하는 자유수임제 하에서 회계감사인은 을의 처지에서 기업 눈치보기에 급급하여 이상 징후를 보고도 못 본 척 넘기는 경우가 생긴다. 감사 보수도 미국 등 선진국에 비해 너무 낮아 감사품질이 떨어질 수밖에 없다. 지정 감사제 확대, 적정 감사 보수 보장 등 대대적인 제도적 보완이 필요하다.

- 재무제표 작성 책임은 기업에 있다. 기업이 작성한 재무제표가 적정한 것인지 보는 것이 외부감사인인데, 기업이 속이려 들면 감사인은 속을 수밖에 없다. 회사 재무정보를 정리해 보고하는 기업 내부 단계에서부터 분식회계를 막을 장치를 강화해야 한다. 분식회계를 한 기업과 그 관련자들에 대한 처벌을 대폭 강화해야 한다.

회계학계의 인식도 별반 다르지 않았다. 다음 언론보도에서 보는

---

19 [회계부정 감시망을 다시 세우자 ④ '을'과 '공범' 사이 회계법인] 지정감사제 확대 앞서 윤리의식 회복이 먼저다 (내일신문, 2016. 11. 8.); [매경이 만난 사람] '분식회계' 돌파구 찾는 최중경 신임 공인회계사회장 (MK뉴스, 2016. 7. 11.) 등.

바와 같이, 회계학계는 '기업의 내부감사기구인 감사위원회의 독립성과 기능 강화'를 분식회계를 막기 위한 첫 번째 대책으로 꼽았다.

* [회계부정 감시망을 다시 세우자 | ③ 회계투명성 확보는 기업 내부로부터] '유명무실' 감사위원회부터 제대로 기능하도록

한국회계학회는 지난달 27일 '회계투명성 향상을 위한 회계제도 개선 방안' 공청회를 열고 감사 및 감사위원회 기능 강화, 내부회계관리의 실효성 제고, 내부고발 활성화, 분식회계에 대한 제재 강화, 결산신고기한 연장 등으로 기업 내부의 회계부정 소지를 차단해야 한다고 제안했다.

전문가들은 회계부정이나 회계투명성이 1차적으로는 기업으로부터 출발한다는 점에서 내부의 통제제도인 감사위원회 및 감사가 제 기능을 할 수 있도록 하는 것이 무엇보다 중요하다고 지적한다. 손성규 한국회계학회장(연세대 교수)은 "기업의 내부감사 기능인 감사위원회(감사)는 이미 존재하는 제도지만 제대로 작동하지 않고 있다"면서 "감사위가 독립성을 유지하도록 기능을 강화해야 한다"고 말했다. 이를 위해 경영진의 부정행위 등에 대해 감사위원회가 독립적으로 조사하고 시정조치를 내리는 등 적극적인 역할을 하도록 하는 방안이 첫째 과제로 꼽혔다.

— 내일신문, 2016. 11. 14.

노준화 충남대학교 교수는 "감사인(회계사나 회계법인)의 역할만 강조해서는 이 문제를 해결할 수 없다"며 "감사위원회를 제대로 작동할 수 있도록 하는 것이 근본 처방"이라고 진단했다.[20] 그는 '미국처럼 감사위원회에서 회계감사를 충실히 수행할 감사인을 선임하도록 해야 한다'며 지정감사제 확대에 반대했다.

최종학 서울대 경영대학 교수는 2016년 7월 언론 기고문에서 '대우조선의 사외이사들이 유명무실했을 것'이라며 감독 기능을 하지 못한 사외이사들에 대한 법적 책임 부과를 주장했다.

＊"사외이사에 法的 책임만 묻는다면 분식회계 줄어들까"

그렇다면 회계 부정을 막기 위한 대책은 무엇일까. 우선 기업과 회계법인이 달라져야 한다. 사외이사들로 구성된 회사 내 감사위원회가 감독 기능을 엄격하게 수행해야 한다. 하지만 대부분 국내 기업의 사외이사들은 유명무실한 경우가 많다. 수년 동안 대우조선해양을 거쳐 간 사외이사들 중 회계전문가가 한 명도 없었고, 기업 경영에 대해 능통한 인물도 많지 않았다. 이런 문제를 해결하기 위해서는 회계 부정을 주도한 경영진뿐만 아니라 감독 기능을 제대로 수행하지 못한 사외이사들에게도 법적인 책임을 지워야 한다.

- Premium Chosun, 2016. 7. 8.

---

20 [회계업계 신뢰위기] ⑬ 노준화 교수 "수주기업 재무제표는 모두 추정치, 수주기업 상장 막아야" (조선비즈, 2016. 9. 1.)

최 교수는 2016년 11월 언론 기고문에서도 "대우조선을 거쳐 간 사외이사들 중 회계전문가가 한 사람도 없었으니 이들이 분식회계 조짐을 눈치챌 수 없었을 것이고, 엄격한 감사를 실시하는지에 대해서도 관심이 없었을 것"이라 추단했다.[21] 그는 "회계감사가 제대로 이루어지지 않아 대우조선 사태가 일어난 것으로만 바라보는 것"을 경계하면서, 회계감사 제도의 개혁뿐 아니라 "사외이사 관련 제도 측면에서의 개혁이 동시에 필요하다"며, 업무를 태만한 사외이사에 대한 처벌 규정 마련, 감사위원회에 의한 외부감사인 교체·선임 및 그에 대한 공시 등을 대책으로 제시했다.

회계법인과 회계사들의 자기 성찰과 비판이 필요하다는 지적도 있었으나, 그 목소리는 별로 들리지 않았다.

회계전문가들의 '이기적 인지 편향'

공인회계사 및 회계감사 제도의 존재 이유

회사가 작성한 재무제표를 그대로 믿을 사람은 없다. 회사가 작성한 재무제표가 기업회계기준에 맞게 작성되었는지를 검토·확인할

수 있는 전문성을 갖춘 자가 공인회계사다. 그래서 '주식회사 등의 외부감사에 관한 법률'은 주권상장법인 등에 대해 독립된 공인회계사에 의한 회계감사를 의무화하고 있으며, 기업은 많은 돈을 지불하고 외부감사인의 회계감사를 받는다. 이 회계감사 제도는 법률과 전문직 규범 등에 구속되는 공인회계사가 회사가 작성한 재무제표에 중요한 오류가 있는지를 확인하게 함으로써 사람들이 재무제표를 신뢰할 수 있게 하려는 것이다.

공인회계사가 '적정의견'을 표명한 재무제표는 사람들이 신뢰하도록 전문가가 인증한 정보다. 투자자들이 대우조선의 공시 정보를 믿고 주식이나 회사채에 투자하는 것은 대우조선이 작성한 재무제표가 회계법인으로부터 '적정의견'을 받았기 때문이다. 대법원이 설시說示한 바와 같이, '외부감사인의 회계감사를 거쳐 작성된 감사보고서는 대상 기업의 정확한 재무상태를 드러내는 가장 객관적인 자료'로서 투자자들은 그에 대한 신뢰를 바탕으로 의사 결정을 한다.[22]

---

22 "외부감사인의 회계감사를 거쳐 작성된 감사보고서는 대상 기업의 정확한 재무상태를 드러내는 가장 객관적인 자료로서 일반투자자에게 제공 공표되어 그 주가 형성에 결정적인 영향을 미치는 것이므로, 주식투자를 하는 일반투자가로서는 그 대상 기업의 재무상태를 가장 잘 나타내는 감사보고서가 정당하게 작성되어 공표된 것으로 믿고 주가가 당연히 그에 바탕을 두고 형성되었으리라는 생각 아래 대상 기업의 주식을 거래한 것으로 보아야 할 것이다." (대법원 1997. 9. 2. 선고 96다41991 판결 등)

회계감사에 관한 미국의 법리와 판례

우리나라에서 분식회계 사건이 터지면, 언론과 회계전문가들은 미국 사례를 인용하며 해당 기업과 그 관련자들에 대한 엄벌을 촉구하고, 사외이사감사위원의 감시 역할을 강조하며 제 역할을 하지 못한 사외이사들에 대한 처벌 강화를 주문한다.

그러나 회계부정을 엄히 처벌한다는 미국에서는 무엇보다 공인회계사들의 역할과 책임을 중시하며, 공인회계사의 전문성에 대한 신뢰를 강하게 보호한다. 이 점은 미국의 증권법Securities Act of 1933 제11조 (b)항이 전문가의 검증을 받은 정보와 그렇지 않은 정보를 구별하여 '상당한 주의'의 면책 기준을 달리 정하고 있다는 사실에서 명확히 드러난다. 즉, 미국 증권법 제11조 (b)항은 증권 인수인, 이사 등에 대해 전문가의 검증을 받지 않은 정보에 대하여는 '합리적 조사'를 요구하는 반면, 회계법인의 감사를 받은 재무제표와 같이 전문가의 검증을 받은 정보에 대하여는 그에 대한 '합리적 신뢰'를 요구하여 전문가 의견을 의심할 합리적인 근거가 없는 한 면책되도록 정하고 있다.[23]

이러한 법 규정에 대해, 미국 연방대법원의 Powell 대법관은 "거

---

23 미국의 법리와 판례에 관한 상세 내용은 제7장을 볼 것.

의 정의상, 공인회계사가 인증한 재무제표를 신뢰하는 것은 합리적이기 때문에 증권법이 그렇게 규정한 것"[24]이라며, 회계감사 결과에 대한 신뢰의 중요성과 공인회계사의 책임에 관해 다음과 같이 설시했다.

* John Nuveen & Co. v. Sanders, 450 U.S 1005 (1981)
  감사받은 재무제표상의 재무 수치의 정확성에 관하여, 외견상 나무랄 데 없는 재무제표를 신뢰하는 것은 증권 마케팅의 적절한 작동, 증권거래, 은행 등 금융기관의 대출 등에 필수적이다. 대체로 공인회계사들은 자신들이 받는 신뢰에 성실하게 부응해왔다. 그러나 회계사들이 그 신뢰를 저버린 경우, 잘못이 있고 책임을 져야 하는 자는 회계사들의 직업적 전문성을 선의로 신뢰한 사람들이 아니라, 회계사들 자신이다.[25]

---

24 "This provision is in the Act because, almost by definition, it is reasonable to rely on financial statements certified by public accountants."

25 "Reliance upon facially unexceptionable certified financial statements, as to the correctness of the financial data shown therein, is essential to the proper functioning of securities marketing, to the trading in securities, to the lending of money by banks and financial institutions, and to the reliance by stockholders on the reports of their corporations. For the most part, certified public accountants faithfully have fulfilled the trust placed on them. But where breaches by accountants occur, it is the accountants themselves-not those who rely in good faith on their professional expertise-who are at fault and who should be held responsible."

미국의 연방항소법원 또한 '회계 이슈의 복잡성과 전문성을 고려할 때, 외부감사인이 적정하다고 한 재무제표의 오류에 대하여 외부감사인 외의 다른 자들에게는 책임이 있을 수 없다'고 판시했다.

* In re Worlds of Wonder Securities Litigation, 35 F.3d 1407 (9th Cir. 1994)

  딜로이트의 수익 인식이 회계기준에 부합하는지의 문제에 관련된 이슈들은 엄청나게 복잡하다…이러한 상황에서 회계사가 아닌 피고들이 딜로이트의 어떤 잘못을 알 수 있었다는 원고들의 주장은 터무니없다. 그러므로 재무제표에 오류가 있어도, 딜로이트 외의 다른 피고들에게는 증권법 제11조에 따른 책임이 있을 수 없다… 그들은 문제의 판매에 대해 수익을 인식하기로 한 딜로이트의 회계 결정을 신뢰했다. 그러한 전문가의 결정은 바로 증권법 제11조에서 비전문가들이 신뢰하도록 허용한 인증받은 정보다.[26]

---

26 "The issues are enormously complex on the question of whether Deloitte's recognition of revenues was in accordance with the standards of the accounting profession…It is absurd in these circumstances for Plaintiffs to suggest that the other defendants, who are not accountants, possibly could have known of any mistakes by Deloitte. Therefore, even if there are errors in the financial statements, no defendant except Deloitte can be liable under Section 11 on that basis…The defendants relied on Deloitte's accounting decisions (to recognize revenue) about the sales. Those expert decisions, which underlie the plaintiffs' attack on the financial statements, represent precisely the type of certified information on which section 11 permits non-experts to rely."

* In re Software Toolworks, Inc. Securities Litigation, 50
  F.3d 615 (9th Cir. 1994)

원고들이 지적하는 첫 번째 위험 신호는 Toolworks의 한국 제조
업체 효성과의 계약일이 소급 기재된 것이다…인수인은 딜로이트
에게 이 문제를 제기했고, 딜로이트는 그 계약의 수익을 1990회
계연도에 인식하는 게 적정하다고 했다…그러므로 효성 계약과
관련해 인수인이 딜로이트를 '맹목적으로 신뢰'한 것이 아니다…
소프트웨어 라이센싱 수익 인식의 복잡성을 고려할 때, 인수인들
이 Toolworks의 계약을 검토하는 과정에서 딜로이트가 틀렸다고
판단했어야 했다는 주장은 터무니없다…그 상황에서 인수인들이
딜로이트를 신뢰하는 것은 합리적이었기 때문에, 이 문제에 대한
지방법원의 약식판결은 정당하다.[27]

이처럼 미국에서는 '증권 인수인, 사외이사 등이 회계법인의 감사
의견을 신뢰하는 것은 특별한 사정이 없는 한 언제나 합리적'이라는

---

27 "As the first 'red flag', the plaintiffs point to Toolworks backdated contract
with Hyosung, a Korean manufacturer The Underwriter first confronted
Deloitte, which explained that it was proper for Toolworks to book
revenue in fiscal 1990…Thus, with regard to the Hyosung agreement,
the Underwriter did not 'blindly rely' on Deloitte…Given the complexity
surrounding software licensing revenue recognition, it was absurd to
suggest that, in pursuing Toolworks' contracts, the Underwriters should
have concluded that Deloitte was wrong…Thus, because the Underwriters'
reliance on Deloitte was reasonable under the circumstances, the district
court correctly granted summary judgement on this issue."

원칙이 확고히 확립되어 있으며, 회계법인의 '적정의견'에 대한 증권 인수인, 사외이사 등의 신뢰가 비합리적이라고 본 사례는 사실상 없다. 전문가가 검증하지 않은 정보가 문제가 된 사안에서도, 미국 법원은 "사외이사들이 경영진의 진술을 신뢰한 것은, 특히 그 진술이 외부감사인과 증권 인수인의 조사에 의해 확인된 경우라면, 비합리적이라 할 수 없다"고 판시했다.[28]

WorldCom 사건과 Enron 사건 이후에는 '사외이사가 정상적으로 근무한 경우를 안전지대safe harbor로 설정해야 한다'거나[29], 아래에서 보듯이 '경영진이 사기를 범한 경우에는 사외이사의 책임을 면제해야 한다'는 주장도 제기되고 있다.

* P. J. Wallison, "The WorldCom and Enron Settlements", AEI, 2005.

  사기 치는 자들은 거짓 진술을 할 뿐만 아니라 적극적으로 진실을 은폐하므로, 정의의 문제로서 이사들에게 고의로 은폐된 것을 찾

---

28 Laven v. Flanagan, 695 F. Supp. 800 (D.N.J. 1988): "Their reliance on the representations of Western Union management cannot be characterized as unreasonable, particularly when it was confirmed by the investigations of Price Waterhouse and Merrill Lynch."

29 David I. Michaels, "No Fraud? No Problem: Outside Director Liability for Shelf Offerings Under Section 11 of the Securities Act of 1933", 26 Ann. Rev. Banking L. 345 (2007).

아낼 책임을 지우는 것은 불합리하다…따라서 법원이 경영진의 사기행위를 인정했다면, 사외이사들에게 경영진의 사기를 발견하지 못한 데 대해 책임을 지워서는 안 된다. 이사나 인수인이 너무 태만해서 명백한 사기를 알지 못한 경우가 있을 수 있는데, 그런 경우에는 증권법에서 이사와 인수인에게 '상당한 주의의 항변'을 요구하지 말고 원고들에게 이사의 중대 태만을 입증할 것을 요구해야 한다.

회계전문가들의 남 탓

미국 연방대법원의 Powell 대법관이 지적한 대로, 회사가 작성한 재무제표의 적정성을 확인할 책임은 회계감사를 맡은 공인회계사에게 있으며, 공인회계사의 검증 결과에 대한 신뢰가 없다면 자본시장은 돌아갈 수 없다. 이런 점에서 대우조선 사태의 심각성은 대우조선 경영진이 분식회계를 했다는 것보다 공인회계사들이 자신들에 대한 신뢰를 저버리고 분식회계를 묵인·동조했다는 데 있다.

하지만 대우조선 사태에 대한 회계전문가들의 인식과 태도에서 공인회계사라는 전문직의 책임과 신뢰 문제에 대한 지적은 찾아보기 어렵다. 회계전문가들은 '회계법인이 잘해야 한다', '회계법인이 달라져야 한다', '회계법인도 깐깐하게 감사를 진행해야 한다'고 지적하는 정도로 회계 전문직의 책임과 직업윤리 문제는 넘어간다. 대신 이들은 '분식을 저지른 회사에 큰 책임이 있다'며 분식회계 기업과 그 관련자들에 대한 처벌 강화를 주장하고, '전문성 없는 낙하산 사외이사들이 감독 책임을 하지 않았다'며 감사위원회의 독립성과 기능 강화, 사외이사들에 대한 법적 책임 부과 등을 대책으로 제시한다. 청년 회계사들은 '분식회계를 은폐한 공인회계사들보다 감사위원들에게 더 큰 책임이 있으며, 감사위원들이 무죄라면 외부감사인 역시 무죄'라고까지 주장한다.

회사가 작성한 재무제표의 적정성을 확인하는 공인회계사가 회계전문직의 윤리와 책임을 저버리고 회계부정을 묵인·은폐했는데도, 이처럼 회계전문가들이 남 탓을 하고 회계사들의 위법행위의 원인을 외부에서 찾는 것은 공인회계사라는 전문직 및 공인회계사에 의한 회계감사 제도의 존재 이유를 부인하는 것이다.

회계업계와 전문가들은 공인회계사들의 법령·규범 위반의 근본 원인으로 기업과 회계법인회계사 간의 갑을관계를 꼽으며, 그 대책으로 지정감사제 확대 등을 주장한다. 회사 경영진이 감사인을 선임하는 자유수임제에서 회계법인회계사는 을의 처지에 놓여 있어 문제를 보고도 못 본 척 넘기는 경우가 생긴다는 것이다.

공인회계사들은 '자본시장 파수꾼의 역할'과 '일감을 주는 회사 경영진과 좋은 관계를 유지해야 하는 현실' 사이에서 윤리적 딜레마에 빠진다. 하지만 이는 회계사들만의 문제가 아니다. 누구나 다른 누구에 대해 을의 지위에 있으며, 자신의 본연의 역할과 '갑과 좋은 관계를 유지해야 하는 현실' 사이에서 윤리 문제에 맞닥뜨린다. 대우조선의 대표이사와 CFO는 대주주 산업은행의 을로서, 대주주의 요구에 협조하지 않으면 그 지위를 유지하지 못한다. 사외이사들 또한 이사선임권을 가진 대주주에 대해 을의 지위에 있으며, 사외이사가 깐깐하게 굴면 재선임되지 않는다. 안건에 반대한 적이 있는 사외이사는 그렇지 않은 사외이사에 비해 교체확률이 2배 이상 높다는 연구결과도 있다.[30] 그렇다고 해서, 경영진이나 사외이사가 그 본연의 책임을 저버렸을 때 갑을관계를 탓하는 것은 옳지 않다. 재무제표의 적정성을 확인하는 일을 맡고 있기에 높은 윤리 의식이 요구되는 공인회계사들의 경우는 더욱 그렇다.

회계업계와 전문가들은 감사 보수가 미국 등 선진국에 비해 너무 낮아 감사 품질이 떨어질 수밖에 없다며, 적정 감사 보수가 보장돼야 한다고 주장한다. 그러나 감사 보수는 '고의적인' 위법행위와는 별 관계가 없다. Enron의 회계감사를 맡았던 Arthur Andersen은 2000년 한 해에 3백억 원2,500만 달러에 이르는 감사 보수와 이보다 많은 컨설팅 서비스 보수2,700만 달러를 받고 회계부정을 묵인·방조했으며, 그 결과 회계부정이 지속되다가 2001년 Enron은 파산했고,

---

30 KDI, 「기업지배구조 개선정책의 효과와 향후 과제」, 72면, 2014.

Arthur Andersen은 소송, 고객 이탈 등으로 사실상 시장에서 퇴출됐다. 안진은 2010년부터 2015년까지 6년간 대우조선으로부터 감사 보수 50억여 원, 컨설팅 보수 10억여 원을 받았다. 외부감사인의 비감사 용역 수행은 외부감사인의 독립성을 저해하는 주요 요소다. 외부감사인의 독립성 강화 방안으로 지정감사제 확대를 요구하고 감사위원회의 독립성과 기능 강화를 주장하는 회계전문가들이 외부감사인의 독립성 유지를 어렵게 하는 비감사 용역 수행에 관해 목소리를 내지 않는 것은 이해하기 어렵다.

회계전문가들은 '회사가 작정하고 속이면 감사인은 속을 수밖에 없다'면서, 재무제표는 회사가 작성하는 것이므로 분식회계 기업과 그 관련자들에 대한 처벌부터 강화하고 기업 내부의 통제·감시 장치를 제대로 갖춰야 한다고 주장한다. 그러나 이 또한 외부감사인의 '고의적인' 범법행위와는 무관한 주장이다. 기업이 때로 거짓 재무정보를 생산 공시하기 때문에 상장법인 등에 대해 공인회계사에 의한 회계감사가 의무화되어 있는 것이고, 공인회계사들을 '자본시장의 파수꾼'이라 하는 것인데, 그런 공인회계사들이 회사의 회계부정을 알고도 오히려 그에 협조해 부정을 묵인·은폐한다면, 백약이 소용없을 것이다. 공인회계사들이 해야 할 일은 분식회계 기업과 관련자들에 대한 처벌 강화 등을 통해 회사가 애초에 거짓 재무제표를 작성하지 못하도록 해야 한다고 목소리를 높이는 게 아니라, 회계 전문직의 직업적 윤리와 규범에 충실하게 회계감사를 수행하는 것이다.

대우조선의 분식회계는 외부감사인이 회계부정을 발견하지 못해서가 아니라 회계부정을 알고도 부정을 묵인·은폐하고 감사위원들을 속였기 때문에 발생한 것이다. 그런데도 회계전문가들은 사외이사들이 '회계나 기업 경영에 전문성이 없어서 감독 기능을 못했다'거나 '감사위원으로서 회계부정을 충분히 인지할 수 있었는데도 아무런 감사행위를 하지 않았다'며, 사외이사들을 탓한다. 회계전문가들의 이런 인식과 주장은 회계사들의 역할 및 신뢰 위반에 관한 미국의 법리와는 너무나 동떨어진 것이며, 나를 비롯한 사외이사들이 '상당한 주의를 했음'을 인정받아 면책 판결을 받은 사실에 비추어 보면[31] 더더욱 부적절한 '남 탓'이다.

행동 심리학behavioral psychology 등의 연구에 따르면, 사람은 어떤 상황에 이해관계가 있을 때는 그 상황을 객관적으로 보기 어렵다. 다른 사람을 좋게 보려는 유인이 있으면 그 사람이 하는 행위의 윤리성을 제대로 평가하기 어렵다는 것인데, 이를 '동기화된 무지motivated blindness'라 한다.[32] 나는 대우조선 사태에 대해 회계전문가

---

31 사외이사들의 재무제표에 대한 '상당한 주의'의 내용은 부록에 소개한 '대우조선 사외이사들에 대한 면책 판결' 참조.

32 M. Bazerman(2015), The Power of Noticing: What the Best Leaders See. "The term motivated blindness describes the systematic failure to notice others' unethical behavior when it is not in our best interest to do so. Simply put, if you have an incentive to view someone positively, it will be difficult for you to accurately assess the ethicality of that person's behavior."

들이 보인 인식과 태도가 이러한 인지 편향에서 비롯된 것이 아닌가 생각한다.

감사위원회 활동의 고유 한계

회계전문가들은 '회계부정은 기업 내부에서 시작되는 것이므로 감사위원회가 감시기능을 제대로 수행하는 것이 무엇보다 중요하다'며 '감사위원회의 독립성과 기능 강화'를 근본 대책으로 제시한다. 독립적인 사외이사들로 감사위원회를 구성하고 감사위원의 법적 책임을 강화해 감사위원들이 제대로 감시기능을 수행하게 해야 한다는 것이다.

감사위원회가 제 기능을 수행해야 하는 것은 당연하나, 감사위원회가 전문성을 갖춘 독립적인 사외이사들로 구성되어도 경영감시에 필요한 정보를 얻지 못하면 경영감시 기능을 발휘할 수 없다. 회사의 일상 업무에서 떨어져 있는 사외이사들은 회사 경영진이 제공하는 자료와 정보에 의존할 수밖에 없는데, 비리를 저지르는 경영진은 당연히 비리를 철저히 숨기고 의심받지 않도록 조치하며, 우리나라 일반 기업의 내부 감사조직은 대부분 경영진의 지휘통제 하에 있을 뿐만 아니라 회계감사 역량도 없다. 그래서 감사위원인 사외이사들이 경영진의 위법행위의 징후를 포착할 수 있으려면, 경영진의 통제 밖에 있는 '독립적인 정보 공급원source of information'이 절대적으로 필요한데, 이 필수적인 정보 공급원이 될 수 있고 되어야 하는 것이 바로 외부감사인이다.

회계전문가들은 회계감사의 고유 한계를 강조하며, 이구동성으로 '회사가 속이면 회계사도 꼼짝없이 당한다'고 말한다. 그렇다면, 대우조선 사례와 같이, 회사가 분식회계를 하면서 작정하고 감사위원인 사외이사들을 속이고, 여기에 감사팀 회계사들까지 회사를 도와 분식회계를 묵인·은폐하면서 사외이사들의 질문과 확인 요구에 대해 경영진의 보고와 진술에 부합하는 답변과 설명을 하고 회계처리에 아무런 문제가 없다는 회계검토·감사 자료를 제출할 때, 감사위원인 사외이사가 회계부정을 의심하거나 발견해낼 수 있겠는가? 회계감사 제도를 개편하고 감사위원회에 회계전문가들이 포진하더라도, 직접 회계감사를 수행하는 회계사들이 그 직업적 윤리와 신뢰를 저버리면, 별 소용이 없을 것이다. 매년 대우조선의 재무제표와 안진 감사팀의 감사 절차를 점검한 산업은행의 외부감사인삼정회계법인, 대우조선의 재무 상태를 모니터링해온 산업은행, 여러 차례 대우조선의 회사채 발행을 주관하면서 그 재무 정보를 조사·검증했던 대형 증권사들조차 대우조선의 분식회계 징후를 포착하지 못했다.

감사위원회의 회계감사 직무 수행에 있어 외부감사인의 정보 제공과 협력은 필수 불가결하다. 하지만 내가 사외이사로 재직한 기간에, 외부감사인은 매 분기 1회 감사위원회와 커뮤니케이션을 하면서도 어떤 전문가적 의구심, 경영진과의 의견 불일치 사항, 감사 수행 시의 애로사항 등을 감사위원회에 보고한 바 없었다. 그렇다면 감사위원인 사외이사들이 독자적으로 공인회계사들의 감사 결과가 잘못된 것임을 알았어야 했는데, 사외이사들에게 그럴 능력과 자원은 없었다. 경영진이 분식회계에 대해 극도의 보안을 유지하는 상황에서, 외부감사인이 회계부정을 인지하고도 감사위원회에 대해 독립적인 정보 공급원이 되기는커녕 경영진을 도와 감사위원회를 속이면서 계속 '적정의견'을 보고했기 때문에, 법원이 인정한 바와 같이 사외이사들은 그 지위에 따른 '상당한 주의'를 하였음에도 분식회계를 발견할 수 없었다.

요컨대 감사위원회가 회사의 재무정보에 대한 감시기능을 수행할 수 있으려면, 회사의 회계장부에 대한 전문가적 조사·검토를 수행하는 공인회계사들의 독립성과 충실성이 전제돼야 한다. 사외이사가 감사위원으로서 성실히 그 직무를 수행하더라도, 외부감사인이 회사의 회계부정을 묵인·은폐하고 감사위원을 속이면, 꼼짝없이 당한다.

III

사외이사가 겪은
대우조선 사태

6
사외이사들의 고난

사외이사제도

사외이사outside director란, 말 그대로 회사 밖에서 온 이사란 뜻이
다. 상법은 '사외이사는 회사의 상무常務에 종사하지 아니하는 이사'
라고 규정하고, 사외이사의 독립성과 관련된 결격사유를 정하고 있
다. 미국에서 사외이사는 경영진과 별 관계가 없는 이사라는 의미에
서 '독립적 이사independent director'라고도 불린다.

우리나라에서 사외이사제도는 1997년 외환위기 발생이 계기
가 되어 기업 지배주주의 독단 경영과 전횡을 견제하겠다는 취지
로 1998년에 도입됐다. 감사위원회는 이사회 내에 경영진과 독립적
인 이사들로 구성된 위원회를 두어 경영감시를 도모한다는 취지로
1970년대 후반 미국에서 도입된 제도인데, 우리나라에서는 종래의
감사제도가 독립성 결여로 그 역할을 하지 못한다는 비판 속에서 감
사를 대신하는 기구로 1999년에 도입되었다.

현행 상법에 따라, 상장회사는 이사 총수의 4분의 1 이상을 사외이사로 하여야 한다. 자산총액 2조 원 이상인 상장회사의 경우에는, 사외이사가 3명 이상이면서 이사 총수의 과반수가 되어야 하고, 의무적으로 감사위원회를 설치해야 하는데[1], 감사위원회는 3명 이상의 이사로 구성하되[2] 2/3 이상이 사외이사여야 한다. 이에 따라 사외이사들은 대개 감사위원회 위원을 겸하게 되며, 그중 1명은 감사위원장이 된다.

사외이사제도가 도입된 지 20여 년이 지났지만, 사외이사들에 대한 우리 사회의 인식은 상당히 부정적이다. 사외이사들 대부분이 '정피아, 관피아'거나, 바람막이로 영입된 권력기관 출신으로 로비, 청탁의 창구로 이용되며, 가끔 열리는 이사회에 출석해 '거수기' 노릇하면서 1년에 수천만 원에서 억대 보수를 챙길 뿐이라는 것이다. '사외이사는 거수기'라는 주장의 근거로 사외이사들이 안건에 반대하는 경우가 거의 없다는 점이 제시되곤 한다.

---

1   자산총액 1천억 원 미만인 상장회사는 감사와 감사위원회 중 하나를 선택할 수 있고, 자산총액이 1천억 원~2조 원인 상장회사는 상근감사와 감사위원회 중 하나를 선택할 수 있다. 감사위원회를 둔 경우에는 감사를 둘 수 없다(상법 제415조의2 제1항).

2   2009년 1월 개정 상법은 주주총회에서 이사를 선임한 후 선임된 이사 중에서 감사위원회 위원을 선임하도록 했는데, 2021년부터는 감사위원 중 최소 1명 이상을 이사와 분리 선출해야 한다. 감사위원 선임 시 모든 주주가 3% 이상 의결권을 행사할 수 없다는 규정도 도입됐다. 다만, 사외이사가 아닌 감사위원을 선임할 때는 최대주주와 특수관계인의 의결권을 합쳐 3%로 제한된다.

사외이사들에 대한 무차별 비난
- '대우조선 망친 거수기 사외이사들'

나는 대우조선의 경영 개선에 기여하겠다고 다짐하고 2013년 3월 대우조선의 사외이사에 취임했고, 2015년 3월까지 재직하며 적극적으로 사외이사 겸 감사위원의 직무를 수행했다. 사외이사로 재직한 2년 동안 이사회와 감사위원회에 빠짐없이 참석했으며, 이사회에 부의된 67건의 안건 가운데 4건에 대해 반대하고 1건에 대해 유보했다.[3] 내가 반대한 이사회 안건은 '부실 해외 자회사루마니아 망갈리아 조선소에 대한 금융지원', '산업은행 자회사KDB자산운용 운용 선박펀드에 대한 투자', '세월호 피해지원 기부금 지급'[4], '제14기 정기주주총회 상정 안건' 등이다.

나는 감사위원으로서 '외부감사인안진회계법인의 비감사 용역 수행'을 반대했고, 회사에 대해 부당내부거래 차단, 준법 프로그램 도입 등의 조치를 하게 했으며, 내부감사기구의 독립성과 기능 강화를 촉구했다. 재무제표의 적정성을 확인하기 위해, 경영진이 보고한 자료

---

3   내가 사외이사로 재직했던 2년간 대우조선 사외이사들의 안건 찬성률은 96.8%, 나의 안건 찬성률은 92.4%였다. 참고로, CEO스코어가 2018년 57개 대기업집단의 상장계열사 251곳의 사외이사 활동을 조사한 결과, 사외이사들의 안건 찬성률은 99.66%였다.

4   세월호 참사 발생 약 40여 일 후 세월호 피해지원을 위해 15억 원 정도 기부한다는 안에 대해, 사고 원인조차 규명되지 않았고 기부처도 미정인 상황에서 외압에 의한 거액 기부는 배임이며 책임경영에 반한다고 판단해 반대한 것이다.

및 외부감사인이 보고한 회계검토·감사 결과를 검토한 다음 의문이 있거나 확인할 사항을 제기해 답변과 소명을 들었으며, 외부감사인에게 추가 분석과 자료 제공을 요청하기도 했다. 나아가 대우조선에 관한 언론보도, 증권사 리포트, 조선 3사의 주가 움직임 등 대우조선에 대한 시장의 평가가 경영진 및 외부감사인이 보고하는 내용과 부합하는지도 살펴봤다.

대우조선은 대주주이자 주채권은행인 산업은행이 돈줄을 쥐고 있으면서 경영 전반에 직·간접적으로 개입해온 회사다. 대우조선의 재무, 회계는 산업은행에서 보낸 부행장 출신의 CFO가 관장했고, 산업은행에서 대우조선 경영관리 업무를 담당하는 기업금융4실장이 대우조선의 비상무이사 겸 감사위원을 겸했다. 산업은행은 이사회 안건 등 주요 경영 사안을 사전에 보고받았고, 이사회에 올라온 안건은 산업은행이 요구했거나 산업은행의 검토와 승인을 거친 것이었다. 그래서 산업은행은 안건에 대한 나의 문제 제기와 반대를 거북해했고, 나는 2015년 3월에 재선임되지 않아 2년 단임으로 사외이사직을 마쳤다.[5]

그런데 2015년 7월 15일 대우조선이 대규모 손실을 은폐했다는 언론보도가 나왔다. 곧바로 아래 언론보도 기사의 제목에서 보듯이

---

5   2013년 3월에 신규 선임된 사외이사 4명 중 2명은 재선임됐다.

'거수기 노릇한 낙하산 사외이사들이 대우조선을 망쳤다'는 비난이 쏟아졌다.

"5조 분식 대우조선 낙하산 명단을 공개합니다"
"대우조선 침몰시킨 그때 그 사람들"
"대우조선 망친 낙하산들은 어디로 갔을까"
"부실사업 눈감은 대우조선 정피아 사외이사 실태"
"부실에 눈감은 낙하산 감사위원회"
"대우조선해양 사외이사, 경영 부실에 책임없이 급여만 챙기나?"
"제2의 대우조선 막아라...감사위원 징벌 강화 한목소리"
"대우조선해양, 정관계 출신 사외이사는 혈세 먹는 하마?"

정치권에서도 '낙하산 사외이사들이 경영감시를 하지 않아 부실과 비리가 발생했다'며 사외이사들을 비난했다. 당시 새정치민주연합의 김기식 의원은 "대우조선해양 경영부실 사태는 전문성 없는 낙하산 사외이사들이 경영진을 제대로 견제하지 못해 발생한 것"이라고 목소리를 높였고[6], 더불어민주당의 김해영 의원도 "경영활동을 감시해야 할 사외이사가 오히려 기업의 거수기 역할을 하면서 대우조선의 부실 비리 규모가 더 커진 것"이라고 했다.[7]

---

6 "대형부실 대우조선, 사외이사 절반 이상 '낙하산'" (오마이뉴스, 2015. 9. 7.)
7 "MB정부 이후 대우조선해양 사외이사, 이사회 안건 100% 가결" (일요신문, 2016. 9. 5.)

손해배상청구 소송 및 고발

대우조선 사태가 터지자, 대우조선의 분식회계로 손해를 보았다고 주장하는 투자자들이 대우조선, 안진 등을 상대로 총 53건주식 관련 30건, 사채 관련 23건, 전체 규모 약 3,200억 원의 손해배상청구 소송을 제기했다.

가장 먼저 소송을 낸 것은 법무법인 한누리였다. 2015년 8월 대우조선이 그간 숨겼던 손실을 반영해 대규모 적자를 공시하자, 한누리는 소액주주들을 대상으로 소송인단을 모집해 2015년 9월 30일 대우조선, 대우조선의 전 대표이사와 전 CFO, 안진을 상대로 손해배상청구 소송을 냈다. 한누리는 소액주주들을 대리해 여덟 차례 더 소송을 제기했는데, 사외이사들은 피고로 삼지 않았다.

최초로 사외이사들도 피고로 삼아 소송을 제기한 투자자는 국민연금공단이다. 2016년 7월 13일 국민연금공단은 대우조선, 대우조선의 전 경영진, 안진 뿐 아니라 사외이사들도 피고로 삼아 거액의 손해배상청구 소송을 제기했다. 국민연금공단에 이어 공무원연금공단, 사립학교교직원연금공단, 대한민국우정사업본부이 같은 내용의 소송을 제기했다. 이들 기관투자자가 제기한 5건의 소송에서 청구한 손해배상액의 합계가 2천억 원에 달했다. 개인투자자들도 사외이사들을 피고에 포함시켜 8건의 소송을 제기했다. 사외이사들에 대해 모두 13건의 소송이 제기됐는데, 그 청구금액 합계가 2,200억 원에 이르렀다.

대우조선 사외이사들에 대한 손해배상청구 소송

순번	원고	소송대리	유형	청구금액(억원)
1	국민연금공단	한결	주식	1,431
2	공무원연금공단/사학연금공단	한결	주식	220
3	대한민국(우정사업본부)	한결	주식	164
4	대한민국(우정사업본부)	한결	사채	190
5	산림조합중앙회 외 32명	한결	주식	42
6	소액주주 22명	한결	주식	37
7	소액주주 44명	한결	주식	27
8	소액주주 22명	한결	주식	16
9	소액주주 1명	청신	주식	30
10	소액주주 6명	씨엠	주식	2
11	사학연금공단	원	사채	3
12	개인투자자 120명	율정	사채	2.4
13	개인투자자 6명	율정	사채	0.1

거액의 소송을 당한 사외이사들은 혼비백산했다. 자신에게 무슨 일이 닥친 것인지, 어떻게 대처해야 하는지조차 생각하기 어려웠다. 나를 비롯한 사외이사들은 겨우 정신을 차리고, 각기 개별적으로 소송대리인을 선임했다.

사외이사들을 피고로 삼은 13건의 소송 가운데 기관투자자 소송 5건, 개인투자자 소송 3건을 법무법인 한결이 맡았다. 한결의 담당 변호사는 자신의 블로그를 통해 '대우조선의 분식회계는 감사위원들이 제 역할을 하지 않은 데서 비롯된 것'이라며, 이들에게도 책임을 물어 '사외이사직을 용돈벌이로만 생각하는 세태를 바로 잡겠다'고 밝혔다.

> **＊"대우조선해양 투자 소액주주들 손해배상소송 제기"**
>
> 대우조선해양의 분식회계가 발생한 것도 감사위원회가 실질적인 기능을 하지 못한 것에서 원인을 찾을 수 있습니다...대우조선해양의 분식회계는 그렇게 치밀한 방법을 사용한 것이 아니므로 감사로서의 그러한 권한을 실질적으로 행사하였더라면 충분히 확인할 수 있는 것이었습니다...그래서 저희는 이번에 대우조선해양 분식회계로 인한 피해자들을 대리하여 손해배상소송을 제기하면서 위 사외이사들도 피고로 하여 함께 손해배상소송을 제기하였습니다...저희의 이번 소송은 사외이사라는 지위를 그 권한과 책임은 생각하지 않은 채 용돈벌이로만 생각하는 세태를 바로잡는 데 도움이 될 것이라 생각합니다.
>
> - 김광중 변호사의 금융투자소송, 네이버 블로그, 2016. 7. 14.

만일 그의 주장대로 감사위원인 사외이사들이 대우조선의 분식회계를 충분히 확인할 수 있었다면, 대우조선의 비상무이사 겸 감사위원이었던 산업은행 기업금융4실장은 대우조선에 대한 금융지원과 경영관리 업무를 담당하고 있으므로 분식회계 사실을 알고도 남았을 것이다. 그런데 한결이 맡은 8건의 소송 중 7건에서 산업은행 기업금융4실장은 피고에 포함되지 않았다.

사외이사들이 소송을 당하자, 한 언론사는 '수천만 원의 보수만 챙기면서 거수기 노릇한 사외이사들의 자업자득'이라며, 이번 소송을 계기로 '사외이사가 놀고먹는 아르바이트 자리가 아니라는 사실을 일깨워줘야 한다'는 사설을 실었다.

  * [사설] 대우조선 사외이사에 대한 손해배상소송 의미
  국민연금도 대우조선 투자손실에 대한 손해배상 소송을 제기하면서 청구 대상에 사외이사를 넣었다. 사정이 이렇게 된 것은 대우조선 사외이사들의 자업자득이다. 사외이사들은 회사가 부실을 감추는데도 제대로 감사하기는커녕 거수기 역할이나 했다. 정부나 회사가 요구하는 대로 손을 다 들어줬다. 그러면서도 연간 6,000만원이 넘는 보수는 꼬박꼬박 챙겼으니 회사가 멀쩡할 리 있겠는가...이번 대우조선 소액주주 소송을 계기로 사외이사가 놀고먹는 아르바이트 자리가 아니라는 사실을 확실히 일깨워줘야 한다.　　　　　　　　　　　　　　　- 서울경제, 2016. 7. 15.

다른 신문사의 한 논설위원은 대우조선 사외이사들은 다 '그놈이

그놈'이라며, 거액의 소송을 당한 것은 '거수기 노릇한 정피아, 관피아 사외이사들의 자업자득'이라고 단죄하는 컬럼을 썼다.

* [이정재의 시시각각] 그놈이 그놈

내 이름은 사외이사 A. 나는 요즘 밤잠을 설친다. 먹어도 먹는 것 같지 않다. 다 대우조선해양 때문이다...그 좋다는 사외이사 한 번 했다가 패가망신하게 생겼으니 이렇게 억울할 데가 없다...실력도 없고 전문가도 아니면서 왜 했느냐고? 자업자득이라고? 그것도 말이 안 되는 소리다. 어디 나만 그런가...대우조선이 산업은행 자회사가 된 뒤 선임된 사외이사 중 60%가 관피아 또는 정피아다. '그놈이 그놈' 나머지도 다 연줄이다. 죄다 낙하산이라고 봐도 된다.

- 중앙일보, 2016. 8. 10.

거대 기관투자자들이 일개 개인인 사외이사들에 대해 2천억 원대 손해배상을 청구했다. 이것으로도 부족했는지, 소송을 맡은 변호사는 '사외이사직을 용돈벌이로만 생각하고 그 직무를 소홀히 하는 세태를 바로 잡으려고 사외이사들도 피고로 삼았다'며 공개적으로 사외이사들을 비난했다. 여기에 언론까지 가세해 '거수기 노릇한 사외이사의 자업자득'이라고 단죄했다. 배임, 횡령, 뇌물수수 등으로 형사 유죄판결을 받은 재벌 총수에 대해서는 가석방, 사면 등의 특혜를 주장하는 언론이 일개 사외이사가 파멸적 소송을 당한 것에 대하여는 아무런 사실 확인도 없이 '자업자득'이라며 앞장서 돌을 던졌다. 이들은 '보나 마나 대우조선 사외이사들이 거수기 노릇이나 했을 것'이라고 단정하고 있었다. 나는 반드시 사법부의 판결로써 이러한 비난과 단죄가 편견과 독선임을 드러내겠다고 결심했다.

일부 투자자들은 사외이사들에 대하여 손해배상청구 소송을 내는 것으로 끝내지 않았다. 2017년 5월 법무법인 한결이 대리하는 소액주주 원고 43명이 내가 사는 주택을 가압류했다.

2017년 7월에는 참여연대와 청년공인회계사회가 나를 비롯한 사외이사들을 '회계부정 묵인·방조' 혐의로 경찰청에 고발했다. 2017년 6월에 안진 및 그 감사팀 회계사들에 대한 형사사건 제1심에서 회계사들을 징역형에 처하는 판결이 선고되자, 그에 대한 분풀이로 '감사위원인 사외이사들도 처벌받아 마땅하다'며 뒤늦게 사외이사들을 고발하는 시민단체들의 행태가 씁쓸하기만 했다.

보험회사들의 오리발

대우조선은 2014년에 KB손해보험의 임원배상책임보험에 가입했고, 2015년에는 메리츠화재해상보험의 임원배상책임보험에 가입했다. 소송을 당한 직후, 나는 대우조선이 가입한 보험의 내용과 조건을 확인했다. 사외이사들에게 제기된 소송은 보장 대상임이 분명했고, 보험금 지급 한도액은 3백억 원이었다. 거액의 소송을 당한 사외이사들에게 이 보험은 생명줄과 같았다. 소송에서 손해배상책임이 인정되더라도 보험에서 손해배상금을 보상받을 수 있으며, 이러한 보험의 보장이 주는 심리적 안정은 엄청난 소송을 당해 불안에 떠는 사외이사들에게 꼭 필요한 것이었다.

　나를 비롯한 사외이사들은 KB손보와 메리츠화재 양측에 소송을 당한 사실을 알리고 우선 변호사 선임 비용을 보험금으로 지급해줄 것을 요구했다. 그러나 두 보험사 모두 대우조선의 고지의무위반 등을 이유로 보험금 지급책임을 부인했고, 대우조선은 이를 수수방관했다. 결국 사외이사들은 거액의 소송을 당한 상태에서 보험의 보호를 받기는커녕 보험사들을 상대로 또 다른 법적 다툼을 벌여야만 했다.

7

고난의 행군 - 사외이사들에 대한
2천억 원대 손해배상청구 소송

사외이사들은 이사회, 감사위원회에서 재무제표 중 주요 계정의 증감이유 등에 대해 조사하면서, 총공사예정원가, 장기매출채권, 자회사와 관련하여 발생한 손상 및 회계처리에 대해 질의하고, 경영진으로부터 이에 대한 답변 또는 설명을 들었으며, 이는 회계법인이 적정의견을 표명한 재무제표에 의해 뒷받침되었다. 이러한 사정을 종합하면, 사외이사들은 회사 작성의 재무제표에 허위 기재가 있다고 의심할 만한 사정이 있는지 합리적으로 조사하였다고 봄이 타당하다.

– 서울중앙지방법원 2021. 2. 4. 선고 2016가합541234 판결

부실 공시에 대한 사외이사(감사위원)의 법적 책임

사외이사는 회사의 일상 업무에 종사하지 않지만, 사외이사도 엄연한 이사로서 이사의 선관주의의무[1]와 충실의무[2] 및 그에 따른 책

---

1   이사는 선량한 관리자의 주의로 그 직무를 행하여야 한다(민법 제61조).
2   이사는 법령과 정관의 규정에 따라 회사를 위하여 그 직무를 충실하게 수행하여야 한다(상법 제382조의3).

임을 부담한다. 회사의 부실 공시로 인해 손해를 입었다고 주장하는 투자자들은 사외이사에 대하여 '자본시장과 금융투자업에 관한 법률'자본시장법 제162조 또는 제125조에 따른 책임, 민법 제750조에 따른 책임, 상법 제401조에 따른 책임 등을 물을 수 있다.

국민연금공단을 비롯한 투자자들은 대우조선 사외이사들에 대하여 자본시장법 제162조 제1항에 따른 손해배상을 청구하면서주위적 청구, 이 청구가 기각될 경우를 대비해 민법 제750조에 따른 손해배상도 청구했다예비적 청구.[3] 원고들이 주장한 청구원인은 다음과 같다.

대우조선은 분식회계를 하여 허위 내용을 기재한 재무제표가 포함된 2013년, 2014년 사업보고서 등을 제출 공시했고, 안진회계법인은 그런 재무제표에 대하여 적정의견을 기재한 허위의 감사보고서를 작성 공시하였다. 원고들은 그러한 사업보고서 및 감사보고서를 진실한 것으로 믿고 대우조선의 주식 또는 회사채를 취득했다가 손해를 입었다.

피고 사외이사들은 대우조선이 분식회계 관련 허위 내용의 사업보고서 등을 공시할 당시 대우조선의 사외이사이자 감사위원으로서 재직하였다. 그러므로 피고 사외이사들은 주위적으로 자본시장법 제162조 제1항 제1호에 의하여 '사업보고서 등 제출 당시 대우조선의

---

3 주의적 청구는 원고가 먼저 판결을 구하는 청구원인이고, 예비적 청구는 주위적 청구가 기각될 경우를 대비해 청구하는 청구원인이다.

이사'로서, 또는 자본시장법 제162조 제1항 제4호에 의하여 '사업보고서에 첨부된 감사의 감사보고서에 의견을 기재한 감사위원'으로서 원고들이 입은 손해를 배상할 책임이 있으며, 예비적으로 민법 제750조에 따라 피고 사외이사들의 불법행위로 인해 원고들이 입은 손해를 배상할 책임이 있다.

자본시장법 제162조거짓의 기재 등에 의한 배상책임 제1항은 다음과 같이 규정하고 있다.

사업보고서 등(사업보고서, 반기보고서, 분기보고서, 주요사항보고서) 및 그 첨부서류 중 중요사항을 허위 기재하거나 누락함으로써 사업보고서 제출대상법인이 발행한 증권의 취득자 또는 처분자가 손해를 입은 경우에, 다음 각 호의 자는 그 손해에 관하여 배상의 책임을 진다. 다만, 배상책임을 질 자가 상당한 주의를 하였음에도 불구하고 이를 알 수 없었음을 증명하거나 그 증권의 취득자 또는 처분자가 취득 또는 처분을 할 때 그 사실을 안 경우에는 배상책임을 지지 아니한다.

1. 그 사업보고서 등의 제출인과 제출 당시의 그 법인의 이사
2. 상법 제401조의2 제1항 각 호의 어느 하나에 해당하는 자로서 그 사업보고서 등의 작성을 지시하거나 집행한 자
3. 사업보고서 등의 기재사항 및 그 첨부서류가 진실 또는 정확하다고 증명하여 서명한 공인회계사 감정인 또는 신용평가를 전문으

로 하는 자 등 대통령령으로 정하는 자

4. 사업보고서 등의 기재사항 및 그 첨부서류에 자기의 평가·분석·확인 의견이 기재되는 것에 동의하고 그 기재 내용을 확인한 자

제1항에 따라 배상할 금액은 [증권 취득가격-처분가격(변론종결 시까지 보유 시에는 시장가격)]으로 추정되며(자본시장법 제162조 제3항), 청구권자가 입은 손해액의 전부 또는 일부가 중요사항의 허위 기재나 누락으로 인해 발생한 것이 아님을 배상책임자가 증명한 경우에는 그 부분에 대하여 배상책임을 지지 아니한다(자본시장법 제162조 제4항).

따라서 자본시장법 제162조 제1항에 따른 손해배상을 청구하는 원고는 이사 등의 고의나 과실을 입증할 필요가 없으며, 피고가 된 사외이사는 '자신이 상당한 주의를 하였음에도 불구하고 사업보고서 등의 허위 기재나 누락을 알 수 없었음'을 스스로 증명해야만 책임을 면할 수 있다. 원고가 주장하는 손해가 분식회계와는 관계가 없다는 것 또한 피고가 입증해야 한다. 분식회계로 손해를 입었다고 주장하는 투자자들이 '주위적으로' 자본시장법에 따른 손해배상청구를 하는 것은 이처럼 입증책임이 배상책임자들에게 전환되어 있기 때문이다.

민법 제750조는 "고의 또는 과실로 인한 위법행위로 타인에게 손

해를 가한 자는 그 손해를 배상할 책임이 있다"고 규정하고 있다. 따라서 이사의 재무제표 승인에 고의 또는 과실이 있다고 인정되면, 그 이사는 불법행위에 따른 손해배상책임을 지게 되는데, 이사의 고의 또는 과실의 증명책임은 원고에게 있다.[4]

한편, 상법 제401조는 "이사가 고의 또는 중대한 과실로 그 임무를 게을리한 때에는 그 이사는 회사 또는 제3자에 대하여 연대하여 손해를 배상할 책임이 있다"고 규정하고 있다. 이사의 임무해태를 증명할 책임은 원고에게 있다.

만일 이사가 자본시장법 제162조 제1항 단서에서 정한 "상당한 주의"를 다하였다면, 이사로서의 임무를 다한 것이어서 민법 제750조 및 상법 제401조에 따른 책임 또한 성립하지 않는다.

---

[4] 민법상 불법행위로 인한 손해배상 청구권은 피해자가 그 손해 및 가해자를 안 날로부터 3년 이내에 행사하지 아니하면 소멸한다(민법 제766조).

'상당한 주의의 항변'에 관한 법리와 판례

이사가 자본시장법 제162조 제1항에 따른 책임을 면하려면, 이사 본인이 '자신이 상당한 주의를 하였음에도 불구하고 사업보고서 등의 허위 기재 등을 알 수 없었음'을 증명해야 한다. 이를 '상당한 주의의 항변'이라 한다. 그러면 회사의 재무제표에 대하여 이사가 해야 하는 '상당한 주의'가 과연 무엇인가? 우리 대법원은 '상당한 주의'라 함은 "자신의 지위에 따라 합리적으로 기대되는 조사를 한 후 그에 의하여 허위 기재 등이 없다고 믿을 만한 합리적인 근거가 있었고 또한 실제로 그렇게 믿은 것을 의미한다"고 판시했다.[5]

나는 소송을 당한 뒤, 분식회계 관련 판례를 찾아봤다. 증권 인수인의 '상당한 주의의 항변'이 인정된 사례는 다수 있었으나, 사외이사의 '상당한 주의의 항변'이 인정된 사례는 찾아볼 수 없었다. 재무제표와 관련해 사외이사가 구체적으로 무엇을 해야 '상당한 주의'를 한 것에 해당하는지, 어떤 활동을 해야 '사외이사의 지위에 따라 합리적으로 기대되는 조사'를 한 것인지를 판시한 판례도 없었다. 어떻게 '상당한 주의의 항변'을 해야 할지 막막했다.

2017년 1월 첫 재판이 열렸다. 난생처음 피고가 되어 변호인들

---

5   대법원 2014. 12. 24. 선고 2013다76253 판결 등.

과 함께 재판에 출석했다. 법정에 나타난 원고들의 소송대리인은 자신만만한 모습이었다. 검찰 수사 등을 통해 이미 대우조선의 분식회계 사실이 확인되었으므로 분식회계로 인해 원고들이 입은 손해액이 얼마인지만이 문제였고, 분식회계 사건에서 사외이사들이 면책된 적도 없었으니, 그럴 만했다.

이와 같은 상황에서, 나는 '상당한 주의의 항변'에 관한 미국 및 우리나라의 법리와 판례 등을 조사·정리해 변호인들에게 보냈고, 변호인들은 '상당한 주의의 항변'을 하기에 앞서 '상당한 주의'에 관한 법리와 판례에 관하여 아래와 같은 내용의 서면을 작성·제출했다.

미국의 증권법

증권거래의 역사가 오랜 미국은 증권법Securities Act of 1933 제11조에서 증권 등록신고서registration statement 상의 중요 사실의 허위진술이나 누락에 대한 민사책임을 규정하고 있다.[6] 이는 증권 발행인, 발행인의 이사, 증권 인수인, 외부감사인 등에게 엄격한 책임 기준을 부과함으로써 발행인에 관한 올바른 정보가 시장에 공개되게 하려는 것이다.

---

6 증권법 제11조는 등록신고서에 따라 등록된 증권을 발행시장뿐 아니라 거래시장에서 취득한 경우에도 적용된다.

미국의 증권법에서 증권 등록신고서 상의 중요 사실의 허위진술이나 누락에 대한 증권 발행인회사의 책임은 절대적이나, 이사, 인수인 등에게는 '상당한 주의의 항변Due Diligence Defense'이 허용된다. 증권법 제11조 (b)항은 등록신고서의 문제된 부분이 '전문가가 검증한 것인지' 여부에 따라 '전문화된 부분expertized portion'과 '비전문화된 부분non-expertized portion'을 구별하여 '상당한 주의'의 면책 기준을 달리 정하고 있다.

- 비전문화된 부분에 대한 '합리적 조사 기준reasonable investigation standard' : 전문가의 검증을 받지 않은 부분에 대하여는 "합리적인 조사를 한 후에 그 부분에 중요 사실의 허위진술이나 누락이 없다고 믿을 만한 합리적인 근거가 있었고 실제로 그와 같이 믿었음"을 입증하면 면책.

- 전문화된 부분에 대한 '합리적 신뢰 기준reasonable reliance standard'[7] : 외부감사를 받은 재무제표audited financial statements와 같이 전문가의 검증을 거친 부분에 대하여는 "그 부분에 중요 사실의 허위진술이나 누락이 있다고 믿을 만한 합리적 근거가 없었고 또한 실제로 허위진술이나 누락이 있다고 믿지 않았음"을 입증하면 면책.

---

[7] 전문화된 부분을 담당한 전문가(작성자)에 대하여는 '합리적 조사 기준'이 적용된다.

미국 판례에 의하면, 면책 요건으로서 '상당한 주의'의 수준은 책임을 부담하는 자의 유형, 이사의 경우 그 지위나 직무 등에 따라 다른데, 일반적으로 회사 업무에의 관여 정도, 회사에 관한 지식 정도, 정보 접근성 등의 차이를 고려해 사내이사, 인수인, 사외이사 순으로 주의의무가 낮은 것으로 본다.

'비전문화된 부분'의 경우, 사내이사에 대하여는 '상당한 주의의 항변'을 거의 받아들이지 않는다. 사내이사는 회사의 일상 업무에 관여하고 관련 정보에 쉽게 접근할 수 있으므로 등록신고서의 잘못된 부분을 알았거나 알았어야 했다고 보기 때문이다. 사외이사에게는 회사의 일상 업무에 관여하지 않고 회사 내막에 어둡다는 점 등이 고려되어 사내이사보다 덜 엄격한 요건이 적용된다.[8] 사외이사에 대하여는 이사회 참석, 제공된 자료의 검토, 경영진과의 대화, 전문가들증권 인수인, 공인회계사 등의 진술에 대한 신뢰 등으로 주의의무를 충족하는 것으로 보아 '상당한 주의의 항변'을 받아들이는 경우가 많다.[9]

한편, 외부감사를 받은 재무제표와 같이 '전문화된 부분'의 경우, 증권 발행인의 CEO 및 CFO에 대하여는 '상당한 주의의 항변'을 거의 받아들이지 않는다. 반면 사외이사, 인수인 등에 대하여는 '회계

---

8 1971년의 Feit v. Leasco Data Processing Equipment Corporation 판결.

9 1988년의 Laven v. Flanagan 판결, 1989년의 In re Avant-Garde Computing Inc. Securities Litigation 판결, 1990년의 Weinberger v. Jackson 판결 등.

법인의 감사 의견을 신뢰하는 것은 특별한 사정이 없는 한 언제나 합리적'이라고 보아 '상당한 주의의 항변'을 받아들인다.

증권법 제11조 (b)항은 '전문화된 부분'에 대하여 '중요한 허위진 술이나 누락이 있다고 믿을 만한 합리적 근거가 없었음'을 입증할 것을 요구한다. 따라서 원칙적으로 '전문화된 부분'이라도 이를 불신할 근거가 있었다면 '합리적 신뢰 기준'의 적용이 배제된다. 그래서 증권 관련 소송에서 흔히 원고들은 회계법인의 감사 의견을 의심케 하는 '위험 신호red flag'[10]가 있었으므로 피고들이 회계 부정이나 오류를 알거나 의심할 수 있었다고 주장한다. 하지만 그러한 주장을 받아들여 회계법인의 감사 의견에 대한 사외이사나 인수인의 신뢰가 비합리적이라고 판단한 사례는 사실상 없다.[11]

'위험 신호'가 아니라 '확실한 증거smoking gun'[12]를 무시했을 때 합리적 신뢰 기준의 적용이 배제되어야 한다는 주장도 제기되고 있다. 회계 문제는 엄청나게 복잡할 수 있어 회계사가 아닌 자가 회계 오류를 적발하는 것을 기대할 수 없고, 상장회사들은 회계법인에 의한

---

10 '전문가 의견에 대한 신뢰를 앗아가는 어떤 정보'를 말한다.
11 '위험 신호'가 있었을 가능성을 인정한 것으로는 2004년의 In re WorldCom, Inc. Securities Litigation 판결.
12 '확실한 증거'란 회계 조작에 관한 내부 제보나 고발 등 회계 부정의 구체적인 증거를 말한다.

재무제표의 인증을 받기 위해 많은 돈을 쓰며, 회계법인은 엄격한 회계감사기준을 따르게 되어 있으므로, '확실한 증거'가 없다면 비전문가가 감사받은 재무제표를 신뢰하는 것은 합리적일 수밖에 없다는 것이다.[13]

우리나라 자본시장법

우리 대법원의 '상당한 주의'에 관한 판시 내용은 '합리적 조사 기준'에 가까운 것으로 보이지만, 성원건설 사건, 부산2저축은행 사건, 중국고섬 사건 등 다수의 사건에서 '적정의견'을 받은 재무제표 등 전문가의 검증을 거친 정보에 대해 '합리적 신뢰 기준'에 따라 증권인수인의 면책을 인정한 판결이 선고되어, 그대로 확정되거나 대법원에서 유지되었다.

또한, 금융감독원이 공표한 「인수업무 등에 관한 '적절한 주의' 이행을 위한 유의사항(2009. 2. 5. 개정)」은 증권 인수인의 증권신고서에 대한 주의의무에 관하여 '전문가 의견이나 분석이 반영된 정보' 전문정보에 대하여는 '합리적 신뢰 기준'에 따라, 그렇지 않은 '비전문정보'에 대하여는 '합리적 조사 기준'에 따라, 증권 인수인의 '적절한 주의' 여부를 판단하는 것으로 명시하고 있다.

---

13 W. K. Sjostrom, Jr., The Due Diligence Defense Under Section 11 of the Securities Act of 1933, *Brandeis Law Journal* Vol. 44. (2006)

* 금융감독원, 「인수업무 등에 관한 '적절한 주의' 이행을 위한 유의사항」

  i) 적정 감사의견을 받은 재무제표, 전문평가기관의 평가를 받은 광물매장량 등과 같이 전문가 의견이나 분석이 반영된 정보에 대해서는 그 내용이 진실하지 않다고 의심할 만한 합리적 근거가 없을 것.

  ii) 비전문정보에 대해서는 그 내용이 진실하다고 믿을 만한 합리적 근거가 있을 것.

  * 외부감사인의 감사나 검토를 받지 않은 재무제표(분기재무제표 등)는 비전문정보에 해당되므로 발행인의 외부감사인으로부터 당해 비감사 재무제표 및 최근 회사의 재무상황에 대한 의견을 듣는 등의 방법으로 이에 대한 검증을 실시(필요시 comfort letter 확보).

사내이사, 인수인, 사외이사의 순으로 요구되는 '합리적 조사'의 수준이 낮은 것으로 인정되는 만큼, 위 검증 기준은 당연히 사외이사에게도 적용돼야 한다. 학설 또한 "인적·물적 조직을 갖추어 개인에 비해 훨씬 더 강력한 독자적 역량을 가진 법인인 인수인에게도 합리적 신뢰 기준이 적용된다면, 자연인에 불과한 이사에게는 당연히 이 기준이 적용되어야 할 것"이라고 주장한다.[14]

---

14 천경훈, "재무정보의 부실공시에 대한 상장회사 이사의 책임과 '상당한 주의' 항변", 증권법연구 제18권 제2호 (2017).

그간 우리 법원이 분식회계 사건에서 사외이사들의 '상당한 주의의 항변'을 받아들인 사례는 없지만, 그렇다고 사외이사들에 대해 '합리적 신뢰 기준'의 적용을 배제하는 것은 아니다. 사외이사의 책임을 인정한 판례들은 사외이사가 이사회 참석조차 하지 않는 등 직무를 소홀히 한 경우거나, 외부감사인의 '한정의견'을 무시한 경우다.

① 하이스마텍 사건[15]

사외이사 2명을 포함한 이사들이 외부감사인이 작성한 사업보고서를 믿었으므로 상당한 주의를 다하였다는 취지로 주장하였으나, 제1, 2심은, 이를 인정할 만한 증거가 부족하고, 오히려 외부감사인이 회사의 내부관리회계제도의 운영실태보고가 모범규준에 따라 작성되었는지에 관하여 의견을 표명하지 않기로 한 사실이 인정된다고 하여, 면책을 부정했다. 대법원은 사외이사들을 포함한 6명의 이사에 대하여는 송달 잘못과 소송대리권 흠결이 있다는 이유로, 나머지 2명의 이사에 대하여는 사업보고서 등에 중요사항에 관하여 거짓 기재가 있다고 보기 어렵다는 이유로 전부 파기환송하였고, 그 후 하급심에서 소가 취하되거나 원고 패소의 판결이 선고되어 확정되었다.

---

15 서울중앙지방법원 2010. 12. 24. 선고 2010가합18985 판결; 서울고등법원 2012. 1. 12. 선고 2011나13472 판결; 대법원 2015. 12. 10. 선고 2012다16063 판결(파기환송); 서울고등법원 2016. 10. 28. 선고 2015나33146 판결; 서울중앙지방법원 2017. 6. 2. 선고 2016가합32082 판결.

② 엑사이엔씨 사건[16]

사외이사 2명 등이 이사회가 소집된 적이 없고 실제 회사 경영에 관여하지 않아 사업보고서 등의 허위기재 사실을 알 수 없었다고 주장한 데 대해, 제1, 2심은 "실질적으로 이사의 임무를 전혀 수행하지 않았다면, 이는 그 자체로서 임무해태가 될 뿐, 상당한 주의를 기울였음에도 허위기재 사실을 알 수 없었다고 볼 수 없다"고 하여 면책 주장을 배척했고, 그대로 확정되었다.

③ 부산2저축은행 사건

사외이사 등이 대주주나 경영진의 부탁으로 등기부상 이사로 등재되었을 뿐 회사의 업무에 관여하지 않았기 때문에 분식회계 사실을 알지 못하였다고 주장한 데 대해, 제1, 2심은 "사외이사 등이 회사의 업무에 전혀 관여하지 않았다는 것 자체로 이사의 감독의무를 현저히 태만히 한 것에 해당한다"고 하여 면책 주장을 배척하였고, 이 부분은 그대로 확정되었다.

④ 한솔신텍 사건[17]

사외이사가 "외부감사를 받아 적정하게 회계처리가 된 것으로 신

---

16 서울중앙지방법원 2012. 8. 10. 선고 2011가합83917 판결; 서울고등법원 2013. 3. 29. 선고 2012나74474 판결.

17 서울중앙지방법원 2014. 9. 26. 선고 2012가합75692 판결; 서울고등법원 2015. 8. 21. 선고 2014나2040457 판결; 대법원 2016. 12. 15. 선고 2015다241228 판결.

뢰했다", "회사의 재무에 관여할 수도, 관여할 능력도 없었고, 분식회계를 알 수 없는 위치에 있었다"고 주장한 데 대해, 제1, 2심은 그러한 사정만으로는 손해배상책임을 면할 수 없다고 하여 면책 주장을 배척하였고, 대법원에서 그대로 유지되었다.

⑤ **경남기업 사건**[18]

사외이사 등이 사주에게 의결권 행사를 위임하고 이사회에 참석하지 않았다거나 회사 경영이나 재무에 관여하지 않아 분식회계 사실을 알지 못했다고 주장한 데 대해, 제1심은 그러한 사실은 "그 자체로 이사로서의 임무를 게을리한 것" 또는 "이사로서의 직무를 충실히 수행하지 않았거나 그동안의 임무해태를 나타내는 사정에 불과"하다고 하여 면책 주장을 배척했다. 이 사건은 항소심 계속 중 소 취하로 종결됐다.

⑥ **코어비트 사건**[19]

제1심은 사외이사 A에 대해 외부감사를 받은 재무제표를 거의 그대로 기재한 반기 재무제표에 허위 기재가 있다고 의심하기 어려

---

18 서울중앙지방법원 2017. 11. 23. 선고 2015가합532141 판결; 서울고등법원 2018나2000655 사건(2019. 3. 30. 소 취하로 종결).

19 서울중앙지방법원 2012. 10. 12. 선고 2011가합1823 판결; 서울고등법원 2013. 8. 21. 선고 2013나5376 판결; 대법원 2014. 12. 24. 선고 2013다76253 판결 (파기환송); 서울고등법원 2015. 10. 29. 선고 2015나948 판결; 대법원 2016. 3. 24.자 2015다71412 판결

웠을 것이라고 보아 면책을 인정한 반면, 사외이사 B에 대하여는 면책을 인정하지 않았다. 항소심은 'B가 최대주주의 지위에 있었으나 경영에 관여한 바 없었고 출근을 하지 않았으며, 또한 사외이사의 지위에 있었으나 급여를 받거나 이사회에 참석하여 결의에 참여하는 등의 실질적인 활동이 없었던 점' 등을 들어 면책을 인정했으나, 대법원은 "사외이사가 회사에 출근하지도 않고 이사회에 참석하지도 않았다는 것은 사외이사로서의 직무를 전혀 수행하지 아니하였음을 나타내는 사정에 불과할 뿐, 그의 지위에 따른 상당한 주의를 다하였다거나 상당한 주의를 다하였더라도 허위기재 사실을 알 수 없었다고 볼 사정은 되지 아니한다"고 판시하며 파기환송 했다. 환송 후 항소심에서 "B가 사외이사였다가 대주주가 됨으로써 관련 법령에 따라 사외이사직을 상실하여 문제의 사업보고서 제출 당시 이사가 아니었다"는 이유로 그 책임을 부정하였고, 이에 대한 재상고심은 심리불속행으로 기각되어 확정되었다.

이와 같은 법리와 판례에 비추어 보면, 사외이사의 '상당한 주의' 여부를 판단함에 있어, 외부감사를 받은 재무제표 등 '전문화된 부분'에 대하여는 '합리적 신뢰 기준'에 따르면 충분하다 할 것이고, '합리적 조사 기준'에 따라야 한다고 하더라도, 사외이사가 그 직무를 성실히 수행하고도 '적정의견'을 받은 재무제표를 의심할 만한 합리적인 근거를 발견하지 못하여 재무제표를 신뢰한 것은 '합리적인 조사를 하여 허위 기재 등이 없다고 믿을 합리적인 근거가 있는 경우'에 해당한다고 봐야 한다.

감사위원으로서의 의무와 책임

감사에 관한 상법 규정들은 감사위원회에 관하여 준용된다(상법 제415조의2 제7항). 이에 따라 감사위원회는 재무제표 등에 대한 감사보고서를 작성·제출해야 하며, 이 감사보고서는 사업보고서에 첨부되어 공시된다.

원고들은 "대우조선의 사외이사들은 감사를 대신하는 감사위원이기도 하므로 상법 제447조의4에 의하여 회계장부를 요구하여 재무제표의 진위 여부를 확인했어야 하는데, 그러한 조치를 하지 않았으므로 '상당한 주의'를 했다고 할 수 없다"고 주장했다. 나아가 사외이사들은 대우조선의 이사로서만이 아니라, "감사위원으로서 감사보고서를 허위로 기재하여 사업보고서에 첨부하여 공시하였으므로, 사업보고서 등의 첨부서류에 자기의 평가·분석·확인 의견이 기재되는 것에 대하여 동의하고 그 기재 내용을 확인한 자"(자본시장법 제162조 제1항 제4호)로서도 손해배상책임이 있다고 주장했다.

그러나 감사위원회는 외부감사인의 회계감사와 별도로 독자적인 회계감사를 하라고 만든 기구가 아니다. 감사위원회는 이사회 내에 사외이사 위주로 구성된 위원회를 두어 경영진 눈치를 보지 않고 경영감시를 하게 한다는 취지로 도입된 제도다.

회사의 재무제표가 회계처리기준에 맞게 작성됐는지는 방대한 회계장부와 원 자료raw data 등에 대한 회계전문가의 검토와 분석을 거쳐야만 확인될 수 있는 것이다. 그래서 감사위원회는 외부의 독립적인 공인회계사회계법인에 위임해 회계감사를 할 수밖에 없으며, 실제로 주권상장법인 등은 '주식회사 등의 외부감사에 관한 법률'에 의해 의무적으로 독립된 외부감사인의 회계감사를 받아야 한다.

> * 오수근, "감사는 회계감사를 하지 않는다"
> 회계감사는 훈련받은 전문가가 하는 작업이어서 전문적으로 훈련이 되어 있지 않은 사람이 효과적으로 또 효율적으로 할 수 있는 일이 아니다...회계감사는 감사가 관할해야 하는 영역 중의 중요한 한 부분이지만 감사가 이를 직접 할 수도 없고 할 필요도 없다. 전문 회계감사인의 선정, 보수의 결정, 회계정책의 설정, 회계감사 과정에 대한 점검을 하면 충분하다.
> — 상사법연구 제33권 제3호, 2014.

이런 이유로 관련 법령 및 금융당국의 지침은 '감사위원회는 외부감사인에게 의지하되 특별한 사정이 있는 경우에 추가 조사를 하라'는 취지로 규정하고 있다.

- '주식회사 등의 외부감사에 관한 법률'은 주권상장법인에 대해 외부감사인에 의한 회계감사를 의무화하면서(제4조 제1항), 감사인에게 "회계처리기준을 위반한 사실을 발견하면 감사 또는 감사위원회에 통보"할 의무를 부과하는 한편(제22조 제1항), 감사위원회는 그러한 통보를 받은 경우에 "회사의 비용으로 외부전문가를 선임하여 위반 사실 등을 조사하고 그 결과에 따라 회사의 대표자에게 시정 등을 요구하여야 한다"(제22조 제3항)고 규정하고 있다.

- 상법 제415조의2 제5항 또한 "감사위원회는 회사의 비용으로 전문가의 조력을 구할 수 있다"고 규정하고 있다.

- 금융감독원이 공표한 '외부감사 관련 감사 및 감사위원회 운영 모범사례'와 한국기업지배구조원이 공표한 '기업지배구조 모범규준'에서도 감사위원회는 외부감사인을 적절히 선임하고, 외부감사인이 감사업무를 적절히 수행하는지 평가하며, 외부감사인과 주기적인 커뮤니케이션을 하고, 외부감사가 종료된 단계에서는 그 결과를 외부감사인으로부터 보고받고, 한정, 부적정 등 감사의견의 변형이 있는 경우에 독립적으로 내부감사를 하도록 정하고 있다.

감사위원회의 역할은 외부감사인의 회계감사 및 내부 감사조직의 활동을 감독하고, 문제가 생겼을 때 필요한 조치를 하는 것이다. 이러한 감독업무에는 외부감사인 선·해임, 외부감사인의 독립성 확보,

외부감사인과의 커뮤니케이션, 외부감사인에 대한 성과평가 등이
포함된다.

사외이사의 '상당한 주의' 여부에 대한 법원의 판단

나의 '상당한 주의의 항변'

국민연금공단을 비롯한 원고들은 '이미 2013년경부터 대우조선
임직원들 사이에 분식회계 소문이 널리 퍼져 있었고, 대우조선의 실
적에 대한 의문이 제기되는 등 분식회계가 매우 의심되는 상황이었
는데도, 감사위원인 사외이사들이 아무런 조사도 하지 않았다'고 주
장했다. 나는 원고들의 주장을 반박하고, '내가 사외이사 겸 감사위
원의 지위에 따라 합리적으로 기대되는 조사를 했고 그에 의해 허위
기재 등이 없다고 믿을 만한 합리적인 근거가 있었음'을 증명해야
했다.

나는 이사회와 감사위원회 의사록, 이사회와 감사위원회에 제출
된 자료, 분식회계 관련자들의 검찰 진술조서, 언론보도, 증권사 리
포트, 기관투자자들의 주식 및 회사채 거래 내역, 조선 3사의 주가
등 각종 자료를 정리·분석해 변호인들에게 보냈고, 변호인들은 아래
와 같은 내용의 '상당한 주의의 항변'을 법원에 제출했다.

- 신광식은 사외이사로 재직한 2년 동안 이사회 및 감사위원회에 모두 참석했고, 이사회에 부의된 67건의 안건 가운데 4건에 대해 반대하고 1건에 대해 유보하는 등 사외이사 겸 감사위원으로서 경영감시 역할을 다하고자 최선을 다했다.

- 회사의 분식회계 사항들에 대하여, 신광식은 자신의 지위에서 얻을 수 있었던 자료를 꼼꼼히 검토한 뒤 경영진과 외부감사인에게 의문 사항을 질의하고 주요 사항은 확인을 받았으며, 그렇게 얻은 회사의 경영, 재무에 관한 정보가 회사에 대한 시장의 평가와 부합하는지, 재무 수치에 납득할 수 없는 부분이 있는지를 점검하는 등, 재무제표의 진실성을 의심할만한 근거가 있는지 확인하기 위해 감사위원인 사외이사의 지위에서 할 수 있는 합리적인 조사를 했다.

- 대우조선의 분식회계 사항들은 수주산업의 복잡하고 전문적인 회계 이슈들에 관해 회계법인이 '적정의견'을 표명한 전문정보다. 외부감사인은 '해양 프로젝트 위주로 공사예정원가를 집중 감사하겠다'고 보고한 뒤 실시한 회계감사에서 계속 '적정의견'을 제시했고, '선제적 공사손실충당금 설정이 회사가 흑자 기조를 유지하는 한 요인'이라는 분석 결과를 제시하며 회사의 수익 인식에 아무런 문제가 없음을 확인해주었다. 또한 장기매출채권에 대해 회사가 '일관성 있는 충당금 설정'을 하고 있으며 '현재 충당금 설정액은 적정'하다는 검토 결과도 보고했다.

- 나중에 밝혀진 바와 같이, 대우조선 경영진은 사외이사들에게 실제 손익현황 자료 등을 차단하고 분식된 자료만 보고했으며, 외부감사인은 감사위원회에 경영진의 보고와 진술을 뒷받침하는 자료를 제출하고 사외이사들의 질문과 확인 요구에 거짓 답변을 하는 등 사외이사들을 속였다.

- ① 2015년 5월경까지 언론에서 대우조선을 긍정적으로 평가·전망한 점, ② 증권사들이 대우조선을 '업종 top pick'으로 제시한 점, ③ 기관투자자들이 2015년 7월 15일 직전까지 대우조선 주식을 취득한 점, ④ 증권사들이 여러 차례 대우조선 회사채를 인수했고 기관투자자들이 2015년 6월경까지 대우조선 회사채를 대거 취득한 점, ⑤ 산업은행, 금융당국, 한국거래소에서 대우조선에 대해 어떤 문제도 제기하지 않았던 점, ⑥ 2015년 4월까지 대우조선의 주가 하락률이 경쟁업체들과 비슷하거나 오히려 낮았던 점 등 여러 객관적인 사실에 비추어 보면, 최소한 2015년 4월까지는 '적정의견'을 받은 재무제표를 의심할 만한 사정이 전혀 없었다.

- 신광식은 사외이사 겸 감사위원으로서 그 지위에 따른 합리적 조사를 다하였고 그에 의해 회계법인의 '적정의견'을 의심할 만한 사유를 발견할 수 없어서 재무제표에 거짓 기재가 없다고 믿었던 것이므로, 합리적 신뢰 기준에 따르면 당연하고, 합리적 조사 기준에 따르더라도 상당한 주의를 다한 것이다.

심판의 시간

사외이사들이 피고로 포함된 13건의 손해배상청구 소송은 마냥 더디게 진행됐다. 나는 몹시 지쳐 있었고 답답했다.

그러던 중, 국민연금공단 사건과 공무원연금공단/사학연금공단 사건을 심리하는 서울중앙지방법원 제30민사부재판장 한성수에서 '사외이사의 분식회계에 대한 책임'과 '분식회계로 인한 원고의 손해액 산정'으로 쟁점 정리를 하고, 각 쟁점에 대한 원고와 피고의 구술변론PT을 진행한 뒤, 2020년 11월 5일 변론을 종결했다. 대한민국우정사업본부 사건을 심리하는 제31민사부재판장 김지숙도 구술변론을 진행한 뒤, 2020년 11월 5일 변론을 종결했다. 대우조선, 안진 외에 나의 소송대리인인 유승정 변호사가 나서 두 쟁점에 관해 구술변론을 했다.

위 사건들의 판결 선고일이 2021년 2월 4일로 정해졌다. 이날 최초로 사외이사들의 책임에 대한 법원의 판단이 나오는 것이었다. 전날 밤, 나는 온갖 생각에 잠겨 잠을 이룰 수 없었다.

다음 날 아침 일찍 서초동 법원으로 향했다. 오전 9시 55분, 제31민사부 재판장이 법정에 들어섰다. 재판장은 먼저 대우조선, 대우조선의 전 대표이사와 전 CFO, 안진에 대한 판결의 주문명령을 읽었다. 전혀 귀에 들어오지 않았다. 얼마 뒤, '원고의 신광식 등 사외이사들에 대한 주위적 청구 및 예비적 청구를 모두 기각한다', '소송비용은 원고가 부담한다'는 재판장의 목소리가 들렸다. 메아리처럼 느껴졌다. 곧바로 제30민사부의 판결 선고가 예정된 법정으로 이동했다. 이번에는 '원고의 신광식 등 사외이사들에 대한 주위적 청구 및 예비적 청구를 각 기각한다', '소송비용은 원고가 부담한다'는 재판장의 말이 선명하게 들렸다.

승소해 안도했지만 기쁘지는 않았다. 기관투자자들은 대우조선과 안진회계법인으로부터 거액의 손해배상을 받으려고 2천억 원대 소송을 제기하면서 곁다리로 사외이사들도 피고로 삼은 것이지만, 일개 개인인 사외이사들은 장기간 노심초사하며 큰 고통을 겪어야 했다. 오로지 내게 씌워진 누명을 벗고 살아남기 위해 많은 것을 희생해야 했던 것에 허탈감이 들었으나, 거대 기관들을 상대로 승소했다는 성취감은 있었다. 돌아오는 길에 나를 살리기 위해 진정 노고를 아끼지 않은 유승정 변호사에게 전화해 면책 판결을 받았음을 알리고, 감사 인사를 했다. 유 변호사는 '이겨야 될 사건이어서 이긴 것이지, 변호인들이 특별히 한 일은 없다'고 했다.

얼마 뒤 판결문이 나왔다. 법원은 대우조선, 대우조선의 전 대표이사와 전 CFO, 안진회계법인에 대해 수십억에서 수백억 원의 손해배상책임을 부과하는 한편, 판결문의 7, 8쪽에 걸쳐 사외이사들이 면책되는 이유와 근거를 상세히 판시하며 사외이사들에 대한 청구를 모두 기각했고[20] 원고들은 사외이사들에 대한 패소에 대해 항소하지 않았다. 법원의 사외이사에 대한 면책 판결의 요지는 대략 다음과 같다(해당 판결 부분의 전문은 부록에 실었다).

피고 대우조선의 분식회계 사항들은 전문적인 회계영역에 속하는 것으로, 피고 회계법인이 재무제표를 검토하면서 검증하는 사항이다. 사외이사들은 피고 회계법인의 재무제표에 대한 감사의견, 검토의견에 의존할 수밖에 없는데, 피고 회계법인은 재무제표에 대하여 적정의견을 표명했다.

사외이사들은 이사회, 감사위원회에서 재무제표 중 주요 계정의 증감이유 등에 대해 조사하면서, 총공사예정원가, 장기매출채권, 자회사와 관련해 발생한 손상 및 회계처리에 대해 질의하고, 경영진으로부터 이에 대한 답변 또는 설명을 들었으며, 이는 회계법인이 적정의견을 표명한 재무제표에 의해 뒷받침되었다.

이런 사정을 종합하면, 사외이사들은 회사 작성의 재무제표에 허위기재가 있다고 의심할 만한 사정이 있는지 합리적으로 조사하였다고 봄이 타당하므로, 사외이사의 지위에 따라 합리적으로 기대되는 조사를 한 것이다.

---

20 서울중앙지방법원 2021. 2. 4. 선고 2016가합541234 판결, 2016가합541495 판결, 2016가합541982 판결.

나아가 대우조선 경영진과 외부감사인의 분식회계 은폐, 당시 언론보도와 증권사 리포트 내용 등 여러 사정을 종합하면, 사외이사들이 위와 같은 조사 결과 재무제표에 허위 기재가 있다고 의심할 만한 합리적인 근거가 없었고 실제로 그렇게 믿었다고 봄이 타당하다. 따라서 사외이사들이 위 재무제표에 '허위 기재가 없다고 믿을 만한 합리적인 근거가 있었고 또한 실제로 그렇게 믿었음'이 증명되었다고 볼 수 있다.

대우조선 사외이사들에 대한 면책 판결의 의미

　증권신고서 등에서의 허위 기재에 대한 증권 인수인의 책임이 문제된 사안에서, 법원은 회계법인의 감사를 받은 재무제표를 '전문정보'로 간주해 '합리적 신뢰 기준'에 따라 증권사의 면책을 인정해왔다. 이와 달리, 그간 분식회계 관련 사건에서 사외이사의 '상당한 주의의 항변'이 인정된 사례는 찾아볼 수 없다. 전문정보에 대하여 사외이사에게 '합리적 신뢰 기준'이 적용되는지, 사외이사가 구체적으로 어떤 행위를 해야 '그 지위에 따른 합리적인 조사'를 한 것인지조차 불분명했다. 이런 상황에 대해, 천경훈 서울대 로스쿨 교수는 '그간 피고 이사들이 조사라 할 만한 것을 한 것이 없어서 어떤 행위가 합리적인 조사로 보기에 충분한지 혹은 부족한지 등에 관해 판시될 기회가 없었던 것'이라고 진단하며, "재무제표 부실 공시의 문제를 감소시키려면 이사 등 관련자의 책임을 강화하는 것만이 능사는 아

니고 구체적인 행위규범을 제시해야 한다"고 지적한다.[21]

대우조선 사외이사들에 대한 손해배상청구 사건의 판결은 사외이사에 대하여 자본시장법 제162조 제1항 단서에 따른 '상당한 주의의 항변'을 인정해 면책을 선고한 우리나라 최초의 판례로서, 회계법인의 감사를 받은 재무제표를 전문정보로 보고 사실상 '합리적 신뢰 기준'에 따라 사외이사의 '상당한 주의' 여부를 판단한 점, 외부감사를 받은 재무제표에 대하여 사외이사에게 요구되는 합리적인 조사가 무엇인지를 구체적으로 제시한 점 등에서 앞으로 사외이사의 의무와 책임에 관한 중요한 선례가 될 것이다.

나를 비롯한 사외이사들에 대한 면책 판결은 사외이사들에게 '정피아, 관피아' 딱지를 붙여 '대우조선을 망친 거수기들'이라고 비난했던 언론의 예상과 기대에 한참 어긋난 것이었다. 사외이사들에 대한 면책 판결을 보도한 언론은 거의 없었으며, 이를 보도한 언론에서는 아래와 같은 제목을 달았다.

"거수기 사외이사?..감시 견제 못 하면 수천억 물어낼 수도"[22]

---

21 천경훈, "재무정보의 부실공시에 대한 상장회사 이사의 책임과 '상당한 주의' 항변", 증권법연구 제18권 제2호 (2017).

22 "거수기 사외이사?..감시 견제 못 하면 수천억 물어낼 수도" (파이낸셜 뉴스, 2021. 3. 20.).

"대우조선 2,000억 소송 보니…사외이사들 떨고 있는 이유 있었네"[23]

나를 비롯한 사외이사들이 법원에서 '상당한 주의'를 한 사실을 인정받아 면책 판결을 받았음에도, 여전히 언론은 대우조선 사외이사들의 사례를 '거수기 사외이사'들에 대한 경고용으로 보도했다. 사외이사들에게 왜 법원이 분식회계에 대한 책임이 없다고 했는지, 사외이사가 해야 하는 '상당한 주의'가 무엇인지 등에 관해서는 별 관심이 없었다.

사외이사들에 대한 손해배상청구 소송의 결과

사외이사들이 피고로 포함된 13건의 사건 중, 4건에서 사외이사들에 대하여 면책 판결이 선고되었고, 원고들이 항소하지 않아 그대로 확정됐다. 또한 2건에서 사외이사들에 대해 소를 취하한다는 화해권고결정이 내려져 그대로 확정되었고, 5건에서는 원고들이 사외이사들에 대해 소를 취하했다. 그리고 2건에서는 자본시장법상 제척기간 도과[24] 등을 이유로 원고들의 청구가 각하·기각됐는데, 원고

---

23 "대우조선 2,000억 소송 보니…사외이사들 떨고 있는 이유 있었네" (중앙일보, 2022. 1. 27.).

24 자본시장법 제162조 제1항에 따른 이사 등의 배상책임은 청구권자가 사업보고서 등의 허위 기재 사실을 안 날부터 1년 이내 또는 사업보고서 등의 제출일부터 3년 이내에 청구권을 행사하지 아니하면 소멸한다(자본시장법 제162조 제5항).

들이 항소했다.[25]

사외이사들에 대한 손해배상청구 소송의 결과

순번	원고	피고	사외이사 결과
1	국민연금공단	대우조선 외 11명	면책 판결 확정
2	공무원연금공단/사학연금공단	대우조선 외 8명	면책 판결 확정
3	대한민국(우정사업본부)	대우조선 외 8명	면책 판결 확정
4	대한민국(우정사업본부)	대우조선 외 12명	원고의 소 취하
5	산림조합중앙회 외 32명	대우조선 외 8명	원고의 소 취하
6	소액주주 22명	대우조선 외 8명	면책 판결 확정
7	소액주주 44명	대우조선 외 8명	원고의 소 취하
8	소액주주 22명	대우조선 외 8명	원고의 소 취하
9	소액주주 1명	대우조선 외 11명	소 취하 화해권고결정 확정
10	소액주주 6명	대우조선 외 20명	소 취하 화해권고결정 확정
11	사학연금공단	대우조선 외 8명	원고의 소 취하
12	개인투자자 120명	대우조선 외 8명	청구 각하/기각, 원고 항소
13	개인투자자 6명	대우조선 외 8명	청구 각하/기각, 원고 항소

---

25 2022년 6월 말 항소심은 원고들의 요청을 받아들여 '소송비용을 각자 부담하는 조건으로 원고들이 사외이사들에 대하여 소를 취하하고 사외이사들은 소 취하에 동의한다'는 내용의 화해권고결정을 내렸다.

손해배상 범위에 대한 법원의 판단

손해배상의 범위에 관한 법리

투자자들이 자본시장법 제162조에 따른 손해배상책임을 묻는 경우, 원고의 손해액은 [증권 취득가격-처분가격(변론종결 시까지 보유 시에는 시장가격)]으로 추정되며, 피고가 '분식회계와 인과관계가 없음'을 증명한 손해는 손해배상의 범위에서 제외된다. 분식회계로 인한 손해액의 산정에 관한 법리는 대략 다음과 같다.

– 분식회계 사실이 본격적으로 알려진 시점(분식회계 공표일) 이후에 취득한 주식에서 발생한 손해는, 투자자가 분식된 재무제표를 신뢰하여 주식을 매수했다가 손해를 본 것이 아니므로, 분식회계와는 인과관계가 없다.

– 분식회계 공표일 전에 분식회계 사실의 공표에 갈음한다고 평가할 만한 유사정보(회사의 회계투명성을 의심하게 하는 정보, 재무불건전성을 드러내는 정보 등)가 알려지지 않았다면, 공표일 전에 매수했다가 공표일 전에 매도한 주식(공표전 매각분)에서 발생한 손해는 분식회계와는 인과관계가 없다.

– 공표일 이후 허위정보로 인해 부양된 부분이 모두 제거된 정상적

인 주가가 형성된 시점(정상주가 형성일) 이후의 주가 변동은 분식회계와는 관계가 없다.

따라서 분식회계 공표일, 공표일 전에 분식회계 관련 정보가 알려졌는지 여부 및 알려진 시점, 공표일 이후 정상주가가 형성된 시점 등이 분식회계로 인한 손해액 산정에서 핵심 쟁점이 된다.

손해배상 범위에 관한 원고와 피고의 주장

소액주주들을 대상으로 소송인단을 모집해 가장 먼저 2015년 9월 30일 손해배상청구 소송을 낸 법무법인 한누리는, 언론에서 대우조선의 대규모 손실 은폐 사실을 처음 보도한 2015년 7월 15일이 분식회계 공표일이며, '대우조선이 8년 반 만에 적자 전환할 전망'이라는 언론보도가 나온 2015년 5월 4일경부터 분식회계 관련 정보가 시장에 알려졌다고 보고, 소액주주들이 2014년 4월 1일부터 2015년 7월 14일까지 약 1년 3개월 동안 매수했다가 2015년 5월 4일 이후 매도했거나 계속 보유 중인 주식에 대하여만 손해배상을 청구했다.

한누리는 2015년 5월 3일 이전에 보유주식을 전부 매도한 주주는 아예 소송참여 자격을 주지 않았는데, 그 이유를 다음과 같이 설명했다.

* 법무법인 한누리, 온라인 소송닷컴, 대우조선해양 분식회계 및
  부실감사 사건

문   2015년 5월 3일까지 보유주식을 모두 매도한 사람은 소송참
     여가 왜 안 되는지?
답   저희는 지난 십여 년의 동종사건 수행 경험을 토대로, 승산이
     일정 수준 있다고 판단되는 부분에 대하여만 소송을 제기하는
     방침을 갖고 있습니다. 청구액만 늘릴 경우, 착수비용 등 의뢰
     인 부담만 가중될 뿐만 아니라 패소확률이 커질 수 있어 상대
     방의 소송비용청구 등 불이익이 있을 수 있습니다.
       대우조선해양의 대규모 손실 사실이 밝혀지기 시작한 시점은
     2015년 7월 14일이나, 그 전인 2015년 5월 4일부터 본 건 분
     식회계의 주된 내용인 해양플랜트 분야의 손실은폐에 관한 언
     론보도가 나오기 시작하였고, 그 시점부터 대우조선해양의 주
     가가 계속 하락하기 시작하였습니다. 따라서 손실은폐에 관한
     언론보도가 최초로 나온 시점의 직전일인 2015년 5월 3일까
     지 보유주식을 모두 매도하신 분들의 경우 비록 투자손실을 보
     셨다 하더라도 그러한 투자손실과 분식회계 간의 인과관계가
     부정될 가능성이 적지 않습니다.
       즉, 조선업종은 2014년 3월 이후 전반적으로 큰 폭의 하락
     추세였으므로, 2014년 3월 이후 사셨다가 분식회계와 관련된
     사실이 알려지기 직전인 2015년 5월 3일까지 보유분을 모두

정리하신 분들은 비록 투자손실이 크다 하더라도 분식회계 때문이 아니라 조선경기의 전반적인 하강으로 인해서 피해를 본 것이라는 식으로 볼 여지가 높습니다. 이러한 점을 감안하여 2015년 5월 3일까지 보유주식을 매도한 분들은 소송참여대상에서 제외하였음을 양지하시기 바랍니다.

이와 대조적으로, 법무법인 한결이 대리한 기관투자자들은 2013년 8월 16일부터 2016년 4월 14일까지 2년 8개월 동안 매수한 주식 전부에 대해, 주식을 매도한 시점에 상관없이, 손해배상을 청구했다. 한결이 내세운 논리는 다음과 같다.

① 분식회계 공표일은 언론에서 대우조선의 손실 은폐 사실을 보도한 2015년 7월 15일이 아니라, 대우조선이 과거 사업보고서를 정정 공시한 2016년 4월 14일이다. 따라서 2015년 7월 15일 이후 2016년 4월 14일까지 매수한 주식도 손해배상 대상이다.

② 이미 2013년경부터 분식회계를 의심하는 언론보도가 나왔고, 대우조선 임직원들을 통해 분식회계 관련 정보가 유출되어 주가 하락에 영향을 미쳤다. 따라서 2015년 7월 15일 언론보도가 나오기 전에 매도한 주식도 모두 손해배상 대상이다.

③ 2017년 4월에 발표된 금융당국의 조사·감리결과가 대우조선 주

식의 거래가 재개된 2017년 10월 30일부터 주가에 반영되어 2017년 11월 3일경 정상주가가 형성됐다.

나아가 한결은 '이미 2013년경부터 대우조선의 분식회계가 매우 의심되는 상황이었는데도, 나를 비롯한 사외이사들이 감사위원으로서 아무런 조사도 하지 않았다'며 사외이사들의 책임을 주장했다. 나는 다음과 같은 요지로 한결의 주장들을 하나하나 반박했다.

① 언론에서 대우조선의 대규모 손실 은폐 사실을 보도한 2015년 7월 15일이 분식회계 공표일이다. 그날 기관투자자들은 대우조선 주식을 무려 767만 주나 순매도했고, 대우조선 주가는 가격제한폭까지 폭락(-30%)했다.

② 국민연금공단 등 기관투자자들 및 이들의 투자위탁을 받은 금융투자회사들은 일반 개인투자자들과는 비교조차 될 수 없는 월등한 정보수집 능력을 갖춘 전문투자자다. 만일 2013년경부터 분식회계 관련 정보가 누출되어 대우조선 주가가 하락했다면, 이들이 그런 사정을 몰랐을 리 없다. 기관투자자들이 2015년 7월 15일 직전까지 대우조선 주식과 회사채를 대거 취득한 점, 증권사들이 2015년 5월경까지 대우조선을 '업종 top pick'으로 추천한 점, 증권사들이 여러 차례 대우조선 회사채를 인수한 점, 경쟁사 대비 대우조선의 주가 움직임 등 여러 객관적 사실들로 볼 때, 적

어도 2015년 4월경까지는 분식회계 관련 정보가 전혀 알려지지 않은 것이 분명하다. 그렇지 않다면, 원고들은 분식회계 관련 정보를 알고도 주식과 회사채를 매수한 것이다.

③ 2015년 7월 21일경 정상주가가 형성됐다. 2015년 7월 15일부터 대우조선 주식을 투매하던 기관투자자들이 이날 순매수로 돌아섰고, 주가도 상승했다.

국민연금공단 등 기관투자자들은 2015년 7월 15일 직전까지 대우조선의 주식, 회사채를 대거 매수했으면서도[26], '2013년경부터 분식회계 사실이나 관련 정보가 시장에 알려져 주가 하락에 영향을 미쳤다'고 주장했다. 이에 대해 한결은 기관투자자들이 '분식회계를 의심했으나 투자수익을 기대하고 주식, 회사채를 취득한 것'이라고 했다. 또한, 2015년 7월 15일 이후의 주식취득에 관해서는, '당시 분식회계 의혹만 있는 상태에서 대우조선과 안진이 분식회계를 강하게 부인했기 때문에, 이들의 주장을 신뢰해 대우조선 주식을 매수한 것'이라 했다. 나는 투자 안전성을 중시하는 국민연금공단을 비롯한 연기금들이 이런 주장을 하는 것을 보고 경악했다.

---

26 국민연금공단은 2013년 8월 16일부터 2015년 7월 14일까지 대우조선 주식 총 2,663만 주를 매수했고, 대우조선 사태가 터진 2015년 7월 15일부터 2016년 4월 14일까지 약 127만 주를 매수했으며, 2014년 4월부터 2015년 6월까지 대우조선 회사채 3,700억 원어치도 취득했다.

한편, 한누리가 제기한 소송에서 법원이 선정한 감정인최혁 서울대 경영대학 교수은 '2015년 7월 15일이 분식회계 공표일이고, 그 이전에는 분식회계 관련 정보의 누출이 없었으며, 2015년 7월 21경 정상주가가 형성됐다'는 내용의 감정보고서를 제출했다.

손해액 산정의 핵심 쟁점들에 관한 당사자들의 주장은 다음과 같다.

손해액 산정에 관한 원고와 피고의 주장

쟁점	한누리	한결	피고
분식회계 공표일	2015. 7. 15.	2016. 4. 14.	2015. 7. 15.
손해배상 대상 주식 매수기간	2014. 4. 1. ~ 2015. 7. 14.	2013. 8. 16. ~ 2016. 4. 14.	2015. 7. 14. 이전
분식회계 정보 유출 시점	2015. 5 .4.	2013. 5. 31.	2015. 7. 15.
정상주가 형성일 (정상주가)	2017. 11. 3. (1,700원)	2017. 11. 3. (1,700원)	2015. 7. 21. (8,520원)

손해배상 범위에 대한 법원의 판단

자본시장법 제162조 제1항에 따른 손해배상청구의 경우, 법원은 원고의 청구액에서 분식회계와는 인과관계가 없음이 증명된 부분을 뺀 금액을 손해액으로 산정한 다음, 그러한 손해가 분식회계만으로 인해 발생한 것은 아닌 점 등 여러 사정을 고려해 피고별로 책임제한

비율을 정해 배상할 금액을 결정한다. 책임이 인정된 피고는 손해배상금에 더해 그에 대한 지연손해금[27]을 원고에게 지급해야 한다.

　법무법인 한결이 대리한 기관투자자들의 소송에서, 제1심은 2015년 7월 15일을 분식회계 공표일로 보고 원고들이 그 이후에 취득한 주식을 손해배상 대상에서 제외했고, 2015년 7월 15일 전에 분식회계 관련 정보가 전혀 알려지지 않았다고 단정하기는 어렵다며 그 이전의 매각분을 손해배상 대상에 포함했다. 정상주가 형성시점에 관해서는 2015년 8월 21일이라는 판단과 2015년 7월 30일이라는 판단이 나왔다.

　그러나 항소심은, 2015년 4월경까지 대우조선의 수익성을 긍정적으로 평가한 언론 기사와 증권사 리포트가 주류였던 점, 2015년 4월까지 대우조선 주가가 경쟁업체들의 주가와 비슷한 움직임을 보이다가 2015년 5월 이후 더 큰 폭으로 떨어진 점, 기관투자자들이 2015년 7월경까지 대우조선 주식을 매수한 점 등 여러 사정에 비추어 볼 때 2015년 5월 3일 이전에는 분식회계 사실이나 관련 정보가 알려졌다고 볼 수 없다고 판단하여, 2015년 5월 3일 이전에 매각된 주식 전부를 손해배상 대상에서 제외했다. 그 결과 원고들에 대한 손해배상액이 대폭 감소했다.

---

27 지연손해금은 소 제기일부터 판결 선고일까지는 연 5%, 판결 선고일 다음 날부터 다 갚는 날까지는 연 12%의 비율로 계산된다.

기관투자자들의 청구금액 대비 인용금액

억원

원고	청구금액(1)	1심 인용금액(2)	2심 인용금액(3)	(2)/(1)	(3)/(1)
국민연금공단	1,431	414	322	29%	22%
공무원연금공단	72	29	8	40%	11%
사학연금공단	147	57	20	39%	14%
대한민국	161	112	15	70%	9%
계	1,811	612	365	34%	20%

기관투자자들은 분식회계와 인과관계가 있는 손해의 범위에 관해 비합리적인 주장을 하며 청구액을 대폭 늘렸다. 국민연금공단의 경우, 2013년 8월 16일부터 2016년 4월 14일까지 매수한 주식에서 약 2,044억 원의 손해 [= 주식 취득가격 – 처분가격(보유 중인 경우는 시장가격)] 를 봤는데, 소장에서 489억 원의 손해배상을 청구했다가 이후 약 3억 원의 인지대까지 추가 부담하며 청구금액을 1,431억 원으로 늘렸다. 하지만 항소심은 그 청구금액의 4/5 정도가 조선업 경기 불황, 투자자 과실 등 분식회계 외의 요인들에 의해 발생한 손해라고 판단했다. 공무원연금공단, 사학연금공단, 대한민국의 경우는 법원이 배상을 명한 금액이 청구금액의 10% 내외에 불과했다. 게다가 기관투자자들은 대우조선 사외이사들의 실제 활동은 전혀 살펴보지 않은 채 '사외이사직을 용돈벌이로 여겨 거수기 노릇하는 세태를 바로 잡겠다'며 사외이사들도 피고로 삼았다가, 사외이사들

에게 전부 패소하여 사외이사들의 소송비용을 부담하게 됐다.[28]

2016년 7월 한 방송사는 국민연금공단 등이 거액의 손해배상청구 소송을 낸 사실을 보도하며, "주주로서 권한과 책임을 다하지 않은 채, 면피식 소송을 벌이며 '소 잃고 외양간 고치기'에 여념이 없는 기관투자자들"이라고 비판했다.[29] 그로부터 5년 뒤 나온 항소심 판결은 기관투자자들이 '면피식 소송을 벌였음'을 확인해준 것이었다.

회사채 관련 손해배상청구 소송의 결과

대우조선 회사채나 기업어음을 매수했던 투자자들이 제기한 20여 건의 손해배상청구 소송 가운데, 대한민국우정사업본부가 원고인 사건에서 2022년 1월 20일 최초로 1심 판결이 선고됐다. 대한민국은 사외이사들과 회사채 인수인들미래에셋, 한국투자증권, DB금융투자, NH투자증권도 피고로 삼았다가, 2021년 2월 주식 관련 사건에서 사외이사들에 대해 면책 판결이 선고되자, 2021년 7월 이들에 대하여는 소를 취하했다.

---

28 민사소송법 제98조(소송비용부담의 원칙)는 "소송비용은 패소한 당사자가 부담한다"고 규정하고 있다.

29 "대우조선 주총서 수년째 거수기 연기금, 뒤늦은 700억대 소송" (머니투데이방송, 2016. 7. 19.)

2017년 4월의 대우조선 사채권자 결의에 따라, 우정사업본부를 비롯한 투자자들이 보유한 채권 중 상당 부분이 출자전환 됐고, 나머지는 만기 연장, 이자율 감축 등 발행조건이 변경된 바 있다. 대우조선은 나머지 회사채의 원금과 이자 및 기업어음 액면금 중 일부금을 변제했고, 남은 사채 원리금과 기업어음 액면금 전액을 변제할 자력을 갖고 있다. 이런 경우에 분식회계로 인해 투자자들이 입은 손해액이 어떻게 산정돼야 하는지가 쟁점이 됐다.

원고는 손해액이 [회사채 등의 취득금액-회사채 등의 정상 취득가격]으로 산정돼야 한다고 주장했고, 대우조선과 안진은 [증권의 취득금액 - (회수금액 + 회수가능 금액)]으로 산정돼야 한다고 주장했다. 법원서울중앙지방법원 제30민사부은 회사채와 기업어음은 금융기관의 대출채권과 달리 유통성을 본질로 한다는 점, 채권가격이 기업의 재무상태 및 이를 기초로 한 신용등급에 따라 변동되는 점 등을 들어, 분식회계와 인과관계가 있는 손해액은 "회사채 등의 매입대금에서 분식회계가 없었더라면 형성되었을 회사채 등의 가액을 공제한 금액"으로 봐야 한다고 판시하고, 출자전환된 채권도 손해배상 대상에 포함시켜 원고의 손해액을 157억여 원으로 산정했다. 법원은 대우조선, 대우조선의 전 대표이사와 전 CFO의 배상책임을 전체 손해의 70%로, 안진의 책임을 전체 손해의 30%로 제한하여, 대우조선은 전 대표이사 및 전 CFO와 공동하여 110억여 원을 배상하고 그중 47억여 원은 안진이 공동 부담하라고 판결했다.

한편, 국민연금공단이 대우조선, 안진 등을 상대로 제기한 회사채 관련 손해배상청구 소송에서, 2022년 1월 제1심 서울중앙지법 제21민사부은 대우조선이 원고에게 515억 원을 지급하고 이 가운데 약 221억 원은 안진이 공동 부담하라고 판결했다. 법원은 회사채 발행을 주관했던 증권사들에 대한 청구는 기각했다.

보험회사들과의 법적 다툼

대우조선은 2014년 7월 25일 KB손해보험과 보험기간 1년의 '2014년 임원배상책임보험 계약'을 체결했고, 2015년 7월 25일에 메리츠화재와 같은 내용의 '2015년 임원배상책임보험 계약'을 체결했다. 두 보험계약 모두 보험금 한도액은 연간 3백억 원, 모든 보상은 미국 Chubb사의 영문 약관[30]에 따르는 것으로 정했다.

나를 비롯한 대우조선 사외이사들은 '회사의 거짓 재무정보 공시 당시 이사로서 주의의무를 위반했다'는 이유로 투자자들로부터 손해배상청구 소송을 당했다. 바로 이런 경우에 대우조선이 가입한 임원배상책임보험에서 사외이사들이 소송을 당해 법적으로 부담하게 되는 손해소송에 대한 방어비용, 손해배상금 등를 보상하게 되어 있다.

---

30 Directors and Officers Liability and Company Reimbursement Policy (Ⅱ) (Chubb Form)

나를 비롯한 사외이사 4인은 소송 대응에 필요한 변호사비용 및 소송에서 책임이 인정될 경우의 손해배상금을 보험금으로 지급해 줄 것을 요구했다. 그러나 두 보험사 모두 보험계약자인 대우조선이 분식회계를 하면서 이를 숨기고 보험에 가입했다며 고지의무위반을 이유로 보험을 해지·취소하는 등 보험금 지급책임을 극력 부인했고, 대우조선은 이를 수수방관했다. 결국 나를 비롯한 사외이사들은 두 보험사를 상대로 보험금 청구 소송을 해야만 했고, 대법원까지 간 치열한 싸움 끝에 '손해배상청구 소송을 당해 입게 된 손해'를 KB손보로부터 보상받을 수 있게 됐다. 하지만 이후 손해배상청구 사건들이 사외이사들의 승소 또는 원고의 소 취하로 종결되어 사외이사들이 KB손보에 보상을 청구할 손해배상금 자체가 없게 되었다.

　사외이사들의 보험금 청구 소송의 경과, 사외이사들이 보험금을 받을 수 있었던 이유, 미국의 관련 법리와 판례 등은 제10장에서 자세히 살펴본다.

사외이사들의 대우조선에 대한 손해배상청구 소송

　민법 제688조 제3항은 "수임인이 위임사무의 처리를 위하여 과실 없이 손해를 받은 때에는 위임인에 대하여 그 배상을 청구할 수 있다"고 규정하고 있다. '회사 임원이 위임사무 처리를 위하여 과실 없이 변호사 보수 상당액의 손해를 입은 경우, 위임인인 회사가 임원이 입은 손해를 배상할 것'을 판시한 대법원 판례도 있다.[31] 또한 민법 제750조는 "고의 또는 과실로 인한 위법행위로 타인에게 손해를 가한 자는 그 손해를 배상할 책임이 있다"고 규정하고 있고, 민법 제756조는 사용자의 배상책임을 규정하고 있다.

투자자들이 제기한 손해배상청구 소송에서 나를 비롯한 사외이사들은 면책 판결을 받았다. 즉 사외이사들은 그 위임사무의 처리에 과실이 없었다. 하지만 대우조선이 사외이사들을 속이면서 계획적으로 회계부정을 범한 결과, 사외이사들이 손해배상청구 소송 등을 당하게 되어 그에 대한 방어비용 및 보험금 청구 소송비용을 지출하는 등 물심양면으로 손해를 입었으므로, 대우조선은 사외이사들이 입은 손해를 배상할 책임이 있다. 그런데 사외이사들이 보험금 소송을 수행해 손해배상청구 소송에 대응하기 위해 지출한 방어비용을 보험사로부터 받게 됨으로써, 대우조선은 사외이사들에게 방어비용을 지급할 책임을 면하게 됐다. 이에 사외이사들은 사외이사들이 보험금 소송을 위해 지출한 변호사 비용을 대우조선이 보상할 것을 요구했으나, 대우조선은 거부했다.

2021년 8월 나를 비롯한 4인의 사외이사들은 대우조선을 상대

---

31 대법원 2019. 1. 17. 선고 2016다277200 판결.

로, 민법 제688조 제3항 또는 민법 제750조나 제756조에 따라 사외이사들이 지출한 보험금 소송비용 및 사외이사들이 겪은 정신적 고통에 대하여 손해배상을 청구하는 소송을 제기했다. 이 사건에서 대우조선은 '사외이사들이 보험금 소송을 제기하지 않고도 보험사로부터 손해배상청구 소송에 따른 배상금은 물론이고 이에 대응하기 위해 지출한 법률비용을 보험금으로 받았을 것인데, 사외이사들이 전혀 불필요한 소송을 제기한 것'이라는 등의 주장을 펼치며, 자신의 회계부정 행위와 사외이사들이 입은 손해 간의 인과관계를 부인하고 있다. 이 소송은 현재 진행 중이다.

IV

대우조선 사태를 통해
배운다

8
대우조선 사태가 남긴 교훈

실적 지상주의, 단기 성과주의가 회계부정을 유발한다

자본주의 시장경제에서 회계부정은 해당 기업은 물론 그 이해관계자들에게 큰 손해를 입히는 등 파급효과가 매우 크다. 그래서 기업의 올바른 공시를 유도하고 부정을 방지하기 위한 여러 법령과 제도가 마련되어 있지만, 회계부정 관련자들을 가혹하게 처벌하는 미국에서도 회계부정 스캔들은 끊이지 않는다. 왜 그런가?

회계부정은 기업 경영자가 의도적으로 재무제표에 거짓 기재를 하고, 재무제표의 적정성을 확인하는 공인회계사들이 허위 기재를 발견하지 못하거나 발견하고도 눈을 감기 때문에 발생한다. 회계부정 사건이 터지면, 사람들은 부정행위 관련자들의 탐욕과 부도덕을 비난하며 처벌 강화를 주장한다. 하지만 경영자나 회계사들의 선택과 행위는 기업의 지배구조, 경영 환경, 업계 규범과 관행, 평가·보상체계 등에 의해 좌우된다. 회계부정을 예방하려면, 경영자나 공인회계사들이 왜 비윤리적인 행위를 하게 됐는지, 무엇이 이들에게 자신을 파멸시키는 범죄행위를 하도록 부추겼는지를 생각해 봐야 한다.

소유와 경영이 분리된 회사에서 발생하는 회계부정의 근원에는 대개 실적 지상주의, 단기 성과주의가 자리 잡고 있다.

대우조선의 경우를 보자. 대주주 산업은행은 자신이 고용한 짧은 임기의 경영자에게 1년 단위로 과도한 실적 목표를 부과하고, 보고받은 실적을 평가해 성과급 등의 보상을 하거나 대표이사 사퇴, 인력·사업 구조조정 등의 제재를 가하는 인센티브 시스템을 적용했다. 전문 경영인에 대해 오직 좋은 실적만 요구하고 보상할 뿐, 정직한 재무 보고와 같은 올바른 결정은 보상하지 않고 오히려 불이익을 받게 했다. 대우조선 경영진이 2012년에 상당한 손실을 반영해 전년 대비 55% 하락한 실적을 보고했을 때 D등급 평가를 받은 것이 그런 경우다. 이처럼 지배주주가 경영자에게 좋은 실적을 낼 것만 요구하면서 실적만으로 보상이나 제재를 하는 실적 지상주의, 단기 성과주의는 경영자에게 정직한 보고 등 윤리적인 결정을 단념케 하고 실적 목표 달성에만 매달리게 해 무리한 경영활동을 유발하며, 결국 회계부정을 촉발하게 된다.

대우조선 분식회계와 같은 사태의 재발을 방지하려면, 기업 경영자에게 과도한 단기 실적 목표를 부과하고 그 달성도를 기준으로 상벌을 가해 경영자가 목표 달성에만 매달리게 해서는 안 된다. 경영자는 항상 지배주주와 시장의 기대에 부응해야 한다는 압박감에 시달린다. 이런 경영진에게 실적 목표를 설정 부과할 때는 반드시 그 목표치가 적정한 수준인지, 경영진이 어떻게 대응할 수 있는지, 목표 부과가 경영진에게 어떤 행위를 하도록 부추길 수 있는지를 면밀하게 살펴봐야 한다. 오직 실적만을 중시해 경영자에게 과도한 목표를 부과하고 목표 달성도를 평가해 상벌을 가하는 것은 자신도 모르게 그 대상자들의 비윤리적인 행위를 독려하는 것이다.

회계 감사인의 경우도 다르지 않다. 공인회계사들은 '재무제표의 적정성 확인이라는 본연의 책무'와 '피감 회사의 경영진과 좋은 관계를 유지해 수임 실적을 높여야 하는 현실' 사이에서 항상 윤리적 딜레마에 빠진다. 하지만 현실적으로 '감사인 본연의 책무' 수행이라는 윤리적 행위에 대한 보상은 없으며, 불이익만 돌아온다. 언론 보도에 따르면, 회계법인의 파트너 회계사가 피감 회사의 계약서 위조를 문제 삼고 금융당국의 감리 과정에서 그 사실을 진술한 직후 해고 통지를 받았다고 한다.[1] 여기서도 회계업계와 회계법인의 실적 지상주의가 빈번히 회계사들에게 감사인 본연의 책무를 포기하고 비윤리적인 행위를 선택하게 한다. 이런 결과를 막기 위해서 회계법인은 회계사들의 감사 활동에 대한 품질관리를 강화하는 한편, 인

---

1   "임플란트 업체 회계부정 발견한 어느 회계사의 운명" (중앙일보, 2018. 11. 30.)

사 평가·보상 시스템을 중심으로 회계사들이 직면하는 이해 상충의 문제를 줄이기 위한 진지한 노력을 기울여야 하며, 회계감사 업무의 책임자인 파트너 회계사들이 원칙과 기준을 준수하게 되는 분위기 조성에 힘써야 한다.

경영자, 회계사 등이 반드시 갖춰야 하는 자질 - 비즈니스 윤리

대우조선 사태를 계기로 2017년 9월 회계투명성 강화를 위해 '주식회사 등의 외부감사에 관한 법률'이 전면 개정됐다. 개정 법률에는 외부감사 대상 확대, 감사위원회에 의한 감사인 선임, 감사인 등록제, 주기적 감사인 지정제, 표준감사시간제 도입 등 회계업계와 전문가들의 요구 사항이 대폭 반영됐다. 하지만 제도적 장치만으로 회계사들의 독립성이 보장되지는 않는다. 회계부정을 엄히 처벌하는 미국에서도 '회계사들에게 그 고객이 "2+2는?" 이라고 물으면, 답이 뭐가 되기를 원하느냐고 답한다'며, 회계와 윤리는 양립 불가한 용어라는 비판이 나온다.[2]

전문가들에 대한 신뢰가 잠식되면 사회가 제대로 작동할 수 없

---

2   "Goal: Ethical Standards for Accounting Practices" (Wall Street Journal, May 24, 1984)

다. 회계업계의 과제는 공인회계사가 그 직업적 책임과 신뢰를 지키는 것이 곧 '좋은 비즈니스good business'가 되는 여건과 환경을 조성하는 것이다. 이를 위해서는 관련 법·제도의 개선도 필요하나, 회계업계의 자기 성찰과 자정 노력이 필수적이다. 회계업계 내부에서도 이 점을 지적하는 목소리가 나온다. 삼정KPMG의 한 파트너 회계사는 언론과의 인터뷰에서 "감사 보수의 현실화도 중요하지만, 감사인들이 당장의 이익을 포기하더라도 원칙을 준수하는 것을 우선순위로 하는 공감대를 형성해야 한다"며 회계업계 내부의 자성을 강조했다.[3] 시장이 원활히 작동하려면 공식적인 규칙뿐 아니라 사회적 규범social norm이 있어야 하며, 사회적 규범에 관한 연구를 보면, 사람은 다른 사람들이 규범을 지킬 때 자신도 그렇게 행동한다.

회계투명성이 높아지려면 재무제표를 작성하는 경영자, 재무제표의 적정성을 확인하는 회계사 등 전문가들의 윤리적 기반이 탄탄해져야 한다. 미국의 주요 경영대학들은 비즈니스 윤리 교육 프로그램을 개발해 학생들에게 가르치고 있다. 우리가 초등학교에서 '새치기를 하면 안 된다'는 사회 규범을 가르치는 것처럼, 경영대학에서 경영자, 회계사 등이 지켜야 하는 비즈니스 규범을 가르쳐 전문가들의 윤리적 기반을 강화해나가야 한다. 비즈니스 윤리는 경영자, 회계사 등 전문가들이 반드시 갖추어야 하는 자질이다.

---

3   "강인혜 삼정회계 상무 '원칙지킨 女리더십' 통했다" (아시아경제, 2016. 10. 31.)

사외이사는 자신의 직무가 무엇인지를 분명히 인식해야

상법이 정하고 있는 사외이사의 자격 요건을 충족하는 사람이 사외이사로 선임 되지만 여전히 사외이사들은 '거수기 노릇하며 보수나 챙기는 자'라는 오명을 벗지 못하고 있다. 이런 부정적인 인식을 배경으로, 정부는 2020년 1월 상법 시행령을 개정해 "해당 상장회사에서 6년을 초과하여 사외이사로 재직했거나 해당 상장회사 또는 그 계열회사에서 각각 재직한 기간을 더하면 9년을 초과하여 사외이사로 재직한 자"는 사외이사를 할 수 없도록 했다상법 시행령 제34조 제5항 제7호. 하지만 사외이사의 임기를 제한한다고 해서 그 독립성이 확보되지는 않는다.

법·제도만으로 사외이사들의 독립성을 확보하는 데는 한계가 있다. 사외이사들의 각성이 필요하다. 사외이사는 먼저 자신의 의무와 책임이 무엇인지를 분명히 인식해야 하며, 구체적으로 어떤 역할과 활동을 해야 하는지를 알고 있어야 한다. 나의 경험을 바탕으로 몇 가지 행동규범을 제시해본다.

① 사외이사도 이사로서 법적 의무와 책임을 부담하므로 사외이사
   직을 수락할 때는 신중하게 결정해야 한다. 사외이사의 지위가
   형식적인지, 비상근인지, 무보수인지, 명예직인지 등의 사정은
   이사의 의무와 책임을 면하는 사유가 될 수 없다. 이사회를 열지

않는 회사, 지배주주나 경영자의 신뢰성에 문제가 있는 회사, 임원배상책임보험에 가입하지 않은 회사의 사외이사는 하지 말아야 한다.

② 사외이사를 맡았으면 업무집행 임원들의 활동에 대한 감시자 역할을 엄중히 수행해야 한다. '사외이사여서 회사 사정을 몰랐고, 알 수도 없었다', '이사회에 참석하지도 않았다'는 식의 변명은 그 자체로 이사의 감독의무를 현저히 태만했음을 자인하는 것이다. 상법, 자본시장법, 외부감사법 등 회사 조직과 운영에 관한 법률을 공부하고, 이사회에 빠짐없이 출석해야 한다.

경영진의 보고와 진술에만 의존하는 '수동적'인 사외이사가 되어서는 안 된다. 이사회에 제출되는 자료뿐만 아니라 언론보도, 증권사 리포트 등 외부 자료도 확보해 회사의 경영 상황과 문제를 파악하고, 이사회에서 적극적으로 의견을 개진하면서 경영진과 활발하게 논의해야 한다. 이사회에 제출된 자료를 꼼꼼히 읽고 그 정확성을 검토해야 하며, 특히 재무제표, 증권신고서 등의 적정성을 확인해야 한다. 그리고 반드시 의사록이 상세하게 작성되게 해야 한다. 의사록이 없거나 형식적으로 작성되어 있으면, 나중에 자신의 활동을 입증할 자료가 없다.

③ 감사위원을 겸하고 있다면 내부 감사기구 및 외부감사인의 독립

성과 감사 활동을 감독해야 하며, 정기적으로 외부감사인의 보고를 받고 외부감사인과 적극적으로 소통해야 한다. 경영진의 보고와 외부감사인의 보고 간에 불일치가 있는지 확인하고, 외부감사인이 전문가적 의구심, 회사의 비협조 등 경고 사항을 보고하면, 회사의 재무 보고에 대한 '위험 신호'가 들어온 것이니 반드시 그에 관해 적극적으로 조사하고 필요한 조치를 해야 한다.

외부감사인의 감사 의견을 '무조건' 신뢰해서는 안 된다. 전문가 의견을 의심케 하는 위험 신호가 있는지 주의를 기울여 검토해야 한다. 무엇이 위험 신호인지에 관해 정해진 것은 없다. 만약 위험 신호를 발견했거나 회계조작에 관한 내부고발 등이 있다면, 일차로 경영진과 외부감사인에게 적극적으로 해명을 요구해야 하며, 해명이 불충분하면 다른 독립적인 외부전문가에게 의뢰해 추가 조사를 해야 한다. 그리고 회계부정, 횡령, 배임, 담합과 같은 비리를 알게 되었다면, 즉시 관계 당국에 비리 사실을 보고해야 한다.

금융공공기관의 출자전환 주식은 신속히 매각해야

산업은행은 2000년에 대우조선의 재무구조 개선을 위한 출자전환을 통해 대우조선의 최대주주가 됐고, 대우조선은 2001년 8월 워크아웃을 졸업했다. 산업은행은 기업가가 아니라 기업에 대한 구제

금융, 산업지원 등을 수행하는 정책금융기관이다. 그런데 산업은행은 대우조선의 출자전환 주식을 매각하지 않고 계속 보유하며 장기간 대우조선을 정부 소유·지배기업으로 관리해왔다. 대우조선 사태는 세계 시장에서 치열하게 경쟁해야 하는 기업을 오랫동안 정부의 소유·지배하에 둔 결과, 그 지배구조의 심각한 결함에 따른 문제들이 계속 누적되어 발생한 것이다.

금융공공기관이 경영정상화가 완료된 기업의 출자전환 주식을 매각하지 않고 계속 보유하는 것은 정부 소유·지배의 본질적 한계와 결함에 따른 여러 가지 비효율과 폐해를 초래할 뿐이다. 출자전환을 통해 취득·보유한 주식은 매각가치 극대화에 매달리지 말고 신속하게 경영 능력과 책임을 갖춘 투자자를 물색해 시장가치로 처분해야 한다.

9
우리 조선업의 위기에 대한 진단과 대책

대우조선 민영화 추진 방식의 문제

산업은행의 대우조선 민영화 추진

대우조선은 정부의 자금 지원, 고강도 구조조정 추진 등에 힘입어 재무상태가 개선됐다. 큰 손실을 안겼던 해양플랜트들이 인도되었고, 사업구조도 축소 개편됐다. 2015년과 2016년에 조 단위의 영업손실을 기록했던 대우조선은 2017년에 7천억 원대의 영업이익을

조선 3사의 영업이익(연결 기준, 억원), 2015~2019년

연도	대우조선	삼성중공업	현대중공업
2015	−21,245	−15,019	−23,365
2016	−15,308	−1,472	3,915
2017	7,330	−5,242	146
2018	10,248	−4,093	−4,814
2019	2,928	−6,166	2,902

내며 흑자 전환했고, 2018년에도 순이익을 기록했다. 조선업 시황이 나아지면서 수주도 점차 늘어났다.

대우조선이 어느 정도 정상화되자, 2019년 3월 산업은행은 현대중공업지주와 대우조선 인수에 관한 계약을 체결했는데, 그 내용은 다음과 같다.

- 현대중공업지주는 기존 현대중공업을 물적분할[1]해 현대중공업(사업회사), 삼호조선, 미포조선, 대우조선을 자회사로 두는 조선부문 중간지주 법인을 신설한다.

- 현대중공업지주는 신설법인에 물적분할 및 주주배정 증자를 통해 2조5천억 원을 투입한다. 산업은행은 보유 중인 대우조선 지분(55.68%) 전부를 신설법인에 현물출자하고 그 대가로 신설법인이 발행하는 전환상환우선주(1조2,500억 원)와 보통주(8천억 원)를 받는다. 신설법인은 대우조선이 새로 발행하는 주식 1조5천억 원 상당을 인수하고 필요시 1조 원을 추가 지원한다.

---

1   물적분할이란 기존 회사가 지분 100% 보유한 완전 자회사를 신설하는 형태로 기존 회사를 분할하는 것이다.

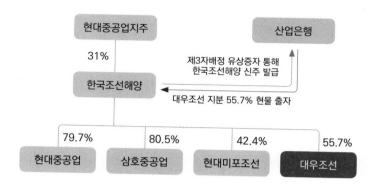

현대중공업지주의 대우조선 인수 계약

이 거래가 완료되면 대우조선은 현대중공업지주의 신설 중간지주 법인한국조선해양에 편입되며, 신설법인의 최대 주주는 지분 28%를 보유하는 현대중공업지주가 되고 산업은행은 2대 주주가 된다.

이처럼 산업은행은 대우조선 지분을 경영권 프리미엄이 반영된 가격에 매각하지 않고 시가대로 현대중공업지주의 신설법인 주식과 맞교환하는 방식으로 대우조선의 민영화를 추진했다. 이에 대해 이동걸 당시 산업은행 회장은 다음과 같이 설명했다.[2]

---

2 "산은 '대우조선 주식 현대重에 현물출자…2.5조 지원'" (뉴스핌, 2019. 1. 31.); "현대重, 대우조선에 2.5조 지원…산은 '조선통합법인' 2대 주주로" (MK뉴스, 2019. 1. 31.)

대우조선 지분 매각을 통한 공적자금 회수가 아니라 장기적으로 조선업 경쟁력을 높이고 대우조선 정상화를 추진하는 데 초점을 맞췄다. 해외 후발주자들의 위협이 거센 상황에서 대우조선의 경쟁력 제고를 위해서는 민간 주인 찾기와 함께 빅3 체제를 빅2 체제로 재편해 과당경쟁, 중복투자 등 비효율을 제거할 필요가 있다. 주식의 현금 매각거래로 진행할 경우, 인수자의 동반 부실화가 우려돼 현물출자 방식의 경영권 이전을 추진했다. 인수자에게 매수대금 부담을 덜어주는 대신 대우조선에 신규 자금을 투입하게 했다. 중장기적으로 조선산업이 정상화되고 가치가 높아지는 시점에 공적자금의 회수액을 극대화할 계획이다. 현대중공업과 대우조선이 합병되는 것이 아니라 한 지주사로 편입되는 병렬적인 구조이므로 인위적인 구조조정은 필요 없을 것이다.

이동걸 회장은 "현재 조선업은 합리화가 이뤄지기 전엔 불황에서 빠져나오기 힘든 구조"라며 "2018년 하반기부터 업황이 개선되고는 있으나 완전히 회복된 게 아닌 만큼 이번이 마지막 기회"라고 말했다.[3]

산업은행은 대우조선 매각을 논의하고 추진하는 과정에서 대우조

---

3 "'부정적 기류' 현대중-대우조선 '빅딜' 산업은행 플랜B는 있나" (뉴스웨이, 2019. 2. 28.)

선 경영진을 완전히 배제했다. 언론보도에 따르면,[4] 2019년 2월 이동걸 회장은 "대우조선 사장은 임시 관리자일 뿐 매각 논의를 함께해야 하는 대상은 아니다"라며 "정성립 사장은 지금 물러나는 것이 맞다"고 말했다.

EU의 기업결합 불허

기업활동의 세계화를 배경으로 1990년대부터 미국과 EU는 '효과 이론effect doctrine'[5]을 내세워 '자국 내 시장의 경쟁을 제한하는 외국 기업들의 외국에서의 행위'에 대하여 적극적으로 반독점법을 집행하기 시작했다. 우리 기업들도 빈번히 미국과 EU의 반독점법 역외적용의 표적이 되었고, 이런 추세에 대응해 우리나라도 2002년부터 국내 시장에 피해를 주는 외국기업들의 외국에서의 행위에 대해 공정거래법을 적용하기 시작했다.[6] 오늘날 반독점법의 역외적용은 세계적으로 보편화되어 있다.

---

4 "산업은, 현대중과 8일 오후 대우조선 매각 본계약 체결" (EBN, 2019. 3. 8.)

5 '효과 이론'이란 자국 법의 위반행위가 외국에서 발생했더라도 그 행위가 자국의 교역에 '직접적, 실질적, 예측 가능한 영향'을 미친다면 자국 법을 적용할 수 있다는 법리다.

6 2001년까지 우리나라 기업들이 국제 카르텔 사건에 연루되어 미국과 EU에서 거액의 벌금을 부과받았다. 이에 우리나라도 2002년 3월 사상 최초로 우리나라로 흑연전극봉을 수출하는 6개 외국기업(4개 일본기업, 1개 미국기업, 1개 독일기업)에 대해 시정명령과 함께 총 112억여 원의 과징금을 부과했다.

세계 주요국의 반독점법은 '자국 시장에서의 경쟁을 실질적으로 제한하는 기업결합'을 금지한다. 외국기업 간 결합도 규제 대상인데, 나라별로 반독점법의 내용, 기업결합 심사기준 등이 달라, 같은 기업결합 건에 대해 관련국들이 다른 판단을 내리기도 한다. 2001년 미국 경쟁당국이 조건부 승인한 제너럴 일렉트릭의 허니웰 인수 건을 EU 경쟁당국이 불허한 것이 대표적인 사례다.

EU는 시장지배력을 강화하는 기업결합을 엄격하게 규제해왔다. 시장 상위기업에 의한 인수 합병이 EU 경쟁당국의 반대에 부딪혀 좌절된 경우는 상당히 많다. 스웨덴 Volvo의 Scania 인수, 미국 WorldCom-Sprint 결합, 독일 Siemens-프랑스 Alstom 간 열차 제조사업 결합, 인도 Tata Steel-독일 Thyssenkrupp 결합 등 수십 건의 결합이 EU 경쟁당국의 반대로 무산되었다. 미국, 중국, 독일 경쟁당국의 반대로 외국기업 간 결합이 실패한 사례도 다수 있다.

우리 공정거래위원회도 2003년 7월부터 일정 요건을 충족하는 해외 기업결합에 대해 신고 의무를 부과하고, 국내 시장에서의 경쟁을 제한할 우려가 있는 외국기업 간 결합에 대해 시정조치를 해왔다. 세계 1, 3위 반도체 장비업체인 미국 Applied Materials와 일본 Tokyo Electron의 결합에 대해 공정위가 중첩 사업부문의 매각을 요구하자 당사 회사들이 결합을 철회했고, 세계 2, 3위 철광석 생산업체인 호주의 Rio Tinto와 BHPB의 합작회사 설립에 대해 공정위가 경쟁제한성을 인정하자 당사 회사들이 계약을 철회했다. 공정위는 세계 2, 3위 HDD 업체인 Western Digital의 Hitachi 인수, 미국 Qualcomm의 네덜란드 NXP 인수 등 여러 건의 외국기업 간 결합을 조건부로 승인하기도 했다.

이처럼 기업결합이 여러 나라의 승인을 받아야 하는 경우, 서로 다른 결정이 내려질 수 있는 불확실성이 있으며, 특히 시장지배력을 강화할 우려가 있는 기업결합은 온전히 성사되기 어렵다. 현대중공업지주의 대우조선 인수 건은 우리나라 외에 EU, 일본, 카자흐스탄, 싱가포르, 중국의 승인을 받아야 성사될 수 있다. 대우조선 인수 계약이 체결된 후 외국 당국의 승인 여부에 대한 우려가 제기되자, 이동걸 산업은행 회장은 "해외 경쟁당국의 반대 등 리스크가 많지만 승산은 50% 이상"이라며, "시장점유율이 협상력을 선도하는 능력으로 이어질 가능성은 적고, 경쟁구도 재편으로 적정수준의 가격을 받을 가능성을 높이면 산업과 클라이언트 모두에 도움이 된다"고 판단하고 있다고 했다.[7]

그러나 현대중공업지주의 대우조선 인수는 2022년 1월 13일 EU 경쟁당국이 'LNG운반선 시장에서 지배적인 위치를 형성해 경쟁을 저해하게 된다'는 이유로 불허 결정을 내림으로써 무산됐다. EU 당

---

7 "이동걸 '조선빅딜 해외심사 승산 50%↑…과격노조 안타까워'" (머니투데이, 2019. 2. 26.)

국은 양사의 결합이 LNG운반선 시장에서 경쟁을 감소시켜 선박 가격이 높아질 것으로 판단했다.

이동걸 산업은행 회장은 인수가 무산된 데 대해 사과하고, '중국과 싱가포르에서 조건 없는 승인 결정이 났는데, EU의 결정은 철저한 자국 이기주의에 의한 것으로 매우 유감스럽고 납득할 수 없다'고 비판했다. 나아가 그는 '한국 산업이 EU 결정에 일방적으로 끌려가지 않는 것을 보여야 한다'며 현대중공업그룹이 EU 경쟁당국을 상대로 불승인 취소 소송을 하기를 원했고, 여러 관련국의 승인을 받아야 하는 대한항공-아시아나항공 결합 건에서 공정위가 자국 이기주의를 보여줄 것(즉, 신속히 승인해줄 것)을 주문했다.[8]

일부 언론에서는 '조선업을 빅3 체제에서 빅2로 재편해 과당경쟁을 막으려던 정부 계획이 3년 만에 물거품이 된 것은 안타까운 일'이라며 산업은행의 오판과 더불어 공정거래위원회의 심사 결정 지연을 나무랐다. 공정거래위원회가 '선제적으로 우리 업체들의 결합을 승인했다면 상황이 달라질 수 있었을 텐데 기업결합 심사 결정을 미뤄 EU 결정에 불리한 영향을 미쳤다'는 것이다. 공정거래위원회가 '3년간 심사를 질질 끌면서 국가적인 산업 구조조정에 대해 방관자 역할만 했으니 어느 나라 공정위인지 묻지 않을 수 없다'는 성토까

---

8 "산은 회장 'EU, 현대重 대우조선 합병 불허 결정은 자국 이기주의'" (조선일보, 2022. 1. 27.)

지 나왔다.[9] 공정위는 현대중공업그룹이 기업결합 신고를 철회함에 따라 2022년 1월 14일 심사절차를 종료했다.

 그러나 현대중공업지주의 대우조선 인수 추진 및 EU의 불허 결정에 대한 산업은행과 언론의 비판은 반독점법에 대한 몰이해에 기인한 것이다.

 반독점법은 '시장 경쟁을 제한함으로써 수요자들에게 가격 인상, 선택 대안 축소, 혁신 저해 등의 피해를 초래하는 행위'를 규율하는 법이다. 이 법은 경쟁적인 시장이 경제발전의 가장 효율적인 수단이라는 경험과 믿음에 근거하고 있다. 산업은행은 과당경쟁과 중복투자 등을 제거하기 위해 현대중공업-대우조선 결합을 추진한다고 하는데, 이는 곧 이 결합이 두 기업 간의 경쟁을 제한·제거하기 위한 것임을 자인하는 것이다.

 이동걸 회장은 중국과 싱가포르 등의 조건 없는 승인 결정에 견주어 EU 경쟁당국의 불허 결정을 비판하나, 현대중공업지주의 대우조선 인수에 대한 각국의 이해관계는 전혀 다르다. EU는 우리 조선업체들이 건조한 선박을 수입하는 지역인 반면, 중국과 싱가포르는 세계 조선 시장에서 우리나라의 주요 경쟁국이다. 세계 1, 2위인 우리 조선

---

9 [사설] EU 현대重 대우조선 합병 불허, 정부는 그동안 뭐했나 (MK뉴스, 2022. 1. 15.)

업체들의 결합이 가져올 경쟁의 완화는 중국, 싱가포르의 조선업체들에게 이익이 되므로, 이들 국가가 그 기업결합을 반대할 이유가 없다.

EU는 세계 3위의 LNG 수입국이며 대형 선주들이 몰려있는 지역이다. 그런데 현대중공업과 대우조선은 LNG운반선, 대형 컨테이너선 및 대형 유조선의 글로벌 최대 공급업체로서 서로 직접적인 경쟁관계에 있으며, 특히 LNG운반선 시장에서 두 회사의 수주 점유율 합계는 60%에 이른다. 두 기업의 이런 시장지위를 EU의 기업결합 규제 사례에 비추어 평가해보면, 현대중공업그룹의 대우조선 인수건이 EU 당국의 심사를 온전히 통과하기 어려울 것임은 충분히 예상할 수 있다.

세계 각국은 자국 반독점법에 의거해 '자국 시장에서의 경쟁을 제한함으로써 자국 소비자들의 이익을 저해할 기업결합'을 금지하며, 우리나라도 마찬가지다. EU 경쟁당국이 현대중공업-대우조선의 결합이 역내 소비자들에게 부정적 영향을 미칠 것으로 판단해 이를 불허한 것을 '자국 이기주의'라고 비난하는 것은 반독점법의 역외적용 자체를 부인하는 것에 불과하다. 공정거래위원회가 뒷짐만 지고 있었다는 비판도 다를 바 없다. 우리나라 기업들의 결합에 대해 우리 경쟁당국이 어떻게 판단하든, EU 당국은 이 결합이 EU 역내에 미칠 영향을 기준으로 그 승인 여부를 결정할 뿐이다. 우리가 수입하는 반도체 제조장비의 주요 공급자들이나 철광석 공급자들이 결합해 우리나라의 수요업체들에게 독점력을 행사할 우려가 있을 때 우리 공정거래위원회가 해당 공급자들이 속한 국가의 판단을 고려해 기업결합 심사 결정을 해야 한다는 것인지 되묻지 않을 수 없다.

현대중공업그룹의 대우조선 인수가 국익에 부합하나?

2014년경부터 나타난 조선 3사의 대규모 손실은 대부분 2010년 이후 수주한 해양플랜트 사업에서 발생했다. 조선 3사는 EPC설계+조달+건조 턴키 방식으로 해양플랜트를 수주하면서 설계기술 역량이 부족해 미경험 프로젝트의 원가를 제대로 산출하지 못해 저가로 수주했고, 설계와 공정상 오류의 빈발, 미숙련 근로자의 저생산성 등으로 건조 과정에서 공사원가가 대폭 늘어났다. 여기에 유가 급락과 조선업 경기의 극심한 침체까지 더해져 조선 3사 모두 대규모 손실을 봤다.

그런데 산업은행은 '세계 선박공급이 과잉인 상황에서 조선 3사의 저가 수주, 중복 투자 등 과잉 출혈경쟁이 우리 조선업 전체의 공멸 위기를 불러왔다'고 진단하고, '우리 조선업을 합리화해 경쟁력을 갖추게 하고 대우조선의 근본적인 경영정상화를 도모한다'는 목적으로 현대중공업지주의 대우조선 인수를 추진했다.

현대중공업지주의 대우조선 인수는 산업은행이 나서 두 기업 간

경쟁을 제거해 조선업체들의 수익성을 개선하려는 것이다. 대우조선이 한국조선해양으로 편입되면, 대우조선과 현대중공업그룹 조선사현대중공업, 삼호중공업, 현대미포조선 간의 경쟁이 제거되어 단기적으로 선박 수주가격 상승, 공급과잉 완화, 연구개발 등의 중복투자 회피, 구매력 증대에 따른 납품가 인하 등의 효과가 생길 것이다. 그러나 경쟁 제거에 의한 업체들의 수익성 개선을 기업결합에 의한 '경제적 효율성efficiency'이나 '경쟁력competitiveness'의 향상으로 착각해서는 안 된다. 이런 착각을 한다면, 경쟁 기업들의 결합은 모두 효율적인 것이 된다.

경쟁의 제거를 통해 기업이 얻게 되는 이익은 수요자, 협력·납품업체 등에 대한 시장지배력 행사에서 오는 것일 뿐, 생산, 판매 등 실질적인 사업 활동의 통합을 통해 실현되는 효율성 향상과는 무관하다. 현대중공업지주의 대우조선 인수는 현대중공업그룹 조선사들과 대우조선을 별개 법인으로 두는 구조이므로 이들 간의 실질적인 사업 활동의 통합을 기대할 수 없고, 이들 조선사의 사업 활동은 서로 중복될 뿐 보완되는 부분도 별로 없어, 국가 경제 차원에서 결합에 의한 효율성 증대 효과를 기대하기는 어렵다. 반면, 현대중공업그룹이 대우조선을 인수해 거대 규모의 독보적인 세계 1위 기업이 되면, 전 후방 협력업체들의 종속 심화, 기자재 등의 시장규모 축소 등으로 우리 조선산업의 기반이 취약해질 수 있으며, 방위산업 부문의 독점화는 불가피하다.

그간 조선 3사는 설비, 기술개발, 생산, 수주 등에서 앞서거니 뒤서거니 하며 치열하게 경쟁해왔다. 이런 경쟁 체제를 통해 우리 조선업체들의 경쟁력이 꾸준히 강화됨으로써 세계 최고 수준의 건조 능력을 갖춘 조선업체들이 모두 우리나라에 있게 된 것이다. 대우조선은 조속히 민영화되어야 하지만, 그렇다고 이러한 경쟁을 오히려 우리 조선업 위기의 원인으로 간주해 경쟁을 인위적으로 제거하는 방식으로 민영화를 추진하는 것은 중·장기적으로 우리 조선업의 경쟁력 약화와 시장지위의 잠식을 초래할 수 있다. 현대중공업그룹과 대우조선 간의 인위적인 경쟁 제거는 우리와 경쟁하는 중국, 싱가포르 등의 조선업체들의 수익성도 높여주며, 중·장기적으로는 외국 업체의 신규 진입이나 확장을 유발하기 때문이다.

세계 시장에서 우리 조선업의 지위를 유지·강화하려면, 우리 조선업체들이 우위를 점하고 있는 LNG운반선 등의 선종에서 중국 등 해외 조선업체들의 진입과 성장을 저지해야 한다. 이를 위해서는 경쟁적인 가격 설정, 지속적인 기술혁신과 품질향상이 필수적이며, 때로는 전략적인 저가 수주도 필요하다. 유휴설비의 보유 또한 해외 경쟁업체의 진입이나 확장을 저지하는 효과를 가질 수 있다. 우리 조선업체 간의 인위적인 경쟁 제거는 세계 시장에서 공급축소, 신조선가 상승 등을 가져와 오히려 중국 등 해외 후발업체들이 시장을 잠식하며 경쟁력을 높일 기회를 제공하게 된다. 과거 일본이 미국과의 무역마찰에 대응해 수출자율규제, 수출카르텔 등을 통해 수출제품

가격을 인위적으로 높게 유지한 것이 해외 후발업체들에게 시장진입·공략 기회가 된 경험을 되새겨야 한다.

우리 조선업은 2016년과 2017년에 최악의 수주 가뭄에 시달리며 극심한 어려움을 겪었으나, 2018년경부터 조선 경기가 반등하면서 회복세를 보이고 있다. 클락슨리서치에 따르면, 2021년 우리나라는 전 세계 선박 발주량의 37%를 수주해 2013년 이후 8년 만에 최대치를 기록했다. 수주량은 중국에 밀려 2위가 됐지만, LNG운반선 발주량의 87%, 대형 컨테이너선 발주량의 49%를 수주하며 경쟁력을 입증했다. 우리나라 수주량의 대부분은 고부가가치 친환경 선박이다.

우리 조선업체 간의 인위적인 경쟁 제거는 우리 조선업의 경쟁력을 높이는 길이 아니다. 고부가가치 선종과 친환경 선박 관련 기술 개발, 해양플랜트의 설계 엔지니어링 역량 확보, 전후방 연관산업 강화, 양질의 생산인력 확보, 생산인력의 기술 향상 등이 우리 조선업의 경쟁력 유지·향상을 위한 핵심 과제다.

10

회사 임원이라면 알아둬야 하는
임원배상책임보험

이 사건 보험약관 제21조는 "보험청약용 서면 신고서에 포함된 신고 및 진술내용과 관련하여, 어떤 피보험개인에 의한 신고서상의 어떠한 진술이나, 그 피보험개인이 지니고 있는 지식은 담보 여부를 결정하는데 있어 다른 어떤 피보험개인에게도 전가되지 아니합니다"라고 규정하고 있고, 위 규정에 의하면...보험계약을 체결하였던 대우조선 대표이사가 분식회계 사실을 알고서도 이를 고지하지 않았다는 이유로 (보험사가) 보험계약을 해지하였다고 하더라도, 위 대표이사의 진술이나 지식 등을 사외이사들에게 전가하여 보험금의 지급을 거절할 수 없다.

- 서울중앙지방법원 2019. 1. 11. 선고 2017가합578912 판결

임원배상책임보험이란?

회사에서 회계부정, 횡령 등의 비리가 발생하면, 비리에 관여한 바 없고 비리를 알지 못했던 임원이라도 투자자 등으로부터 손해배상청구 소송을 당할 수 있고 형사책임까지 추궁당할 수 있다. 이

런 경우를 대비해 회사가 보험료를 내고 전·현직 임원들을 피보험자로 해 가입하는 보험이 임원배상책임보험Directors & Officers Liability Insurance, 약칭해서 'D&O 보험'이다. 이 보험은 회사의 임원이 그 직무 수행과 관련해 소송 등을 당해 법적으로 부담하게 되는 손해방어비용, 손해배상금 등를 보상해준다. 임원이 스스로 내부자 거래, 사기, 고의적 법령위반, 부당한 사익 취득 등을 범해 부담하게 되는 손해는 보상하지 않는다.

  국민연금을 비롯한 기관투자자들이 '스튜어드쉽 코드stewardship code'를 도입하고 적극적으로 주주권 행사에 나서는 추세다. 이처럼 회사 임원들의 법적 리스크가 높아짐에 따라, D&O 보험의 중요성도 커지고 있다. 하지만 대개 회사 임원들은 평소 이 보험에 별 관심을 두지 않으며, 이 보험에 관해 잘 알지도 못한다. 국내 보험사들은 대개 미국 보험사의 영문 약관을 그대로 사용하는데, 그 내용을 이해하기가 쉽지 않고, D&O 보험 관련 국내 판례도 별로 없다. 회사의 보험업무 담당자조차 D&O 보험약관을 제대로 이해하지 못한 채 보험계약을 체결하는 일이 빈번하다.

  D&O 보험은 보험금 규모가 상당히 크다. 그래서 막상 사고가 터지면 흔히 보험사는 보험금 지급책임을 부인할 사유부터 찾는다. 대우조선 사례에서 보듯이, 임원들에 대한 배상청구가 발생하면 그때 보험사는 보험계약자인 회사의 고지의무위반 등을 이유로 보험계약

을 해지·취소한다. 이렇게 보험사가 보험금 지급책임을 부인할 때, 임원이 보험 혜택을 받을 수 있는지는 보험약관의 구체적인 내용과 문언에 달려 있다. 회사가 보험약관의 내용을 상세히 검토하지 않고 보험계약을 체결하면, 많은 돈을 내고 가입한 보험이 막상 사고가 났을 때 무용지물이 될 수 있다.

대우조선의 D&O 보험약관미국 Chubb사의 약관에는 '정황통지' 조항 및 '보험 청약의 분리적용' 조항이 들어있다. '정황통지' 조항은 기존 보험계약의 보험기간 연장과 관련된 것이고, '청약의 분리적용' 조항은 보험계약자의 고지의무위반에 따른 보험 해지·취소의 효력과 관련된 것이다. 미국의 경험을 보면, D&O 보험 분쟁은 주로 이 두 약관 조항과 관련하여 발생하는데, 대우조선의 D&O 보험 관련 분쟁은 우리나라에서 최초로 이 두 약관 조항이 쟁점이 된 경우였다.

지금부터 D&O 보험의 특징, 사외이사들이 제기한 보험금 소송에서 다투어진 쟁점, 미국의 관련 법리와 판례, 우리 법원의 판결 등을 살펴본다.

사외이사들의 보험금 청구 소송의 경과

사외이사들의 보험금 청구 소송 제기

대우조선은 2014년 7월 25일 보험료 1억7,500만 원을 내고 KB 손해보험과 '2014년 D&O 보험계약'보험기간 2014. 7. 25.~2015. 7. 24.을 체결했다.[1] 그런데 2015년 5월경 대우조선의 최고 경영진이 바뀌자, 대우조선은 메리츠화재해상보험을 2015년 D&O 보험의 주간사로 선정하고, 메리츠화재와 계약체결 절차를 진행했다. 그러던 중 2015년 7월 15일 '대우조선이 2조 원대 누적 손실을 숨겼다'는 언론보도가 나오자, 메리츠화재는 대우조선 측에 KB손보로 '향후 보험금 청구 가능성이 있다'고 통보할 것을 요구했다. 이에 대우조선은 2015년 7월 22일 '최근 언론에서 보도되고 있는 당사의 2분기 실적 등에 대한 보도로 인해 향후 보험금 청구가 있을 수 있다'고 기재한 공문2015. 7. 22.자 공문을 KB손보로 보낸 뒤, 전년도 보험료의 8.5배인 14억8천만 원을 지급하고 메리츠화재와 '2015년 D&O 보험계약'보험기간 2015. 7. 25.~2016. 7. 24.을 체결했다.[2]

---

1   2014년 보험은 주간사인 KB손보가 30%, 메리츠화재가 25%, 롯데손보가 20%, 현대해상이 15%, 동부손보가 10% 지분율로 공동 인수했으며, 재보험은 코리안리가 인수했다.

2   2015년 보험은 주간사인 메리츠화재가 45%, 롯데손보가 15%, KB손보, 현대해상, 동부손보 및 MG손보가 각 10% 지분율로 공동 인수했으며, 재보험은 코리안리가 인수했다.

두 보험계약의 보험 조건은 똑같다. 두 계약 모두 ① 피보험자를 '대우조선피보험회사 및 그 임원들피보험개인'로, ② 보험사고를 '2010년 7월 25일 이후 발생한 부당행위를 이유로 보험기간 중에 피보험개인을 상대로 최초 제기된 청구any claim first made'로, ③ 보험금 한도 액은 연간 3백억 원으로 정했으며, 모든 보상은 미국 Chubb사의 영문 약관에 따르는 것으로 되어 있다.

대우조선의 분식회계로 인해 2016년 7월 13일 최초로 사외이사들이 손해배상청구 소송을 당했다. 사외이사들은 우선 방어비용변호사 비용이 필요했고, 소송에서 손해배상책임이 인정될 경우를 대비해야 했다. 대우조선의 D&O 보험약관에 따르면, 대우조선이 2015년 7월 22일 KB손보로 보낸 공문이 '향후 배상청구를 야기할 수 있는 정황의 통지'에 해당하는지에 따라 KB손보와 메리츠화재 중 어느 한 보험사가 보험금 지급책임을 지게 되어 있다.

이에 나를 비롯한 사외이사들은 KB손보와 메리츠화재 양측에 소송을 당한 사실을 알리고, 변호사 선임 등에 대한 협의를 요청했다. 그러나 두 보험사 모두 책임을 극력 부인했다. KB손보는 대우조선의 2015. 7. 22.자 공문을 받자 곧바로 2015년 8월 20일 '대우조선이 2014년도 보험계약 체결 전부터 대규모 부실로 인한 배상청구 가능성을 인지하고도 고지하지 않았다'며 상법 제651조[3]에 따른 보험계약 해지를 통보했다. 또한 두 보험사는 대우조선의 2015. 7. 22.자 공문이 '정황통지'에 해당하는지에 대해 정반대의 주장을 하며, 서로에게 책임을 떠넘겼다.

2016년 10월 사외이사들은 메리츠화재를 상대로 금융감독원에 분쟁조정신청을 했다. 2017년 1월 20일 금융감독원은 메리츠화재에 대해 '대우조선의 2015. 7. 22.자 통보는 유효한 정황통지로 보기 어려워 귀사가 면책을 주장할 수 없다고 판단되므로, 신청인에게 피해가 없도록 재검토할 것'을 권고했다. 그러자 메리츠화재는 2017년 2월 대우조선과 사외이사들에게 '대우조선의 고지의무위반에 따른 보험계약 해지'를 통보하고는, 곧바로 대우조선과 전 대우조선 대표이사만을 피고로 삼아 자신에게 '보험금 지급 책임이 없음'을 확인해달라는 채무부존재확인 소송을 냈다.

대우조선의 D&O 보험약관 담보조항 2에 의하면, 대우조선피보험회사는 임원이 직무 수행에 과실이 없는데도 소송을 당해 부담하게 되는 손해를 먼저 임원에게 보상해준 뒤, 보험사로부터 그 보상금을 보험금

---

3 상법 제651조(고지의무위반으로 인한 계약해지) 보험계약 당시에 보험계약자 또는 피보험자가 고의 또는 중대한 과실로 인하여 중요한 사항을 고지하지 아니하거나 부실의 고지를 한 때에는 보험자는 그 사실을 안 날로부터 1월 내에, 계약을 체결한 날로부터 3년 내에 한하여 계약을 해지할 수 있다. 그러나 보험자가 계약 당시에 그 사실을 알았거나 중대한 과실로 인하여 알지 못한 때에는 그러하지 아니하다.

으로 받을 수 있다. 이에 사외이사들은 대우조선 측에 어떤 대책이라도 마련해줄 것을 요청했으나, 대우조선은 알아서 하라는 식의 태도를 보였다. 게다가 보험금청구권은 3년간 행사하지 아니하면 소멸된다상법 제662조. 사외이사들이 나서 보험금 청구 소송을 할 수밖에 없었다.

보험금 청구 소송의 경과

— KB손보 보험기간
— 메리츠화재 보험기간

2014. 7. 25.	대우조선, KB손보와 보험계약
2015. 7. 15.	언론, '대우조선 손실 은폐' 보도
7. 22.	대우조선, KB손보로 '향후 보험금청구 가능성' 통지
2015. 7. 25.	대우조선, 메리츠화재와 보험계약
8. 20.	KB손보, 보험계약 해지
2016. 7. 13.	사외이사들에 대한 최초 배상청구 발생
2016. 7. 25.	대우조선, 메리츠화재와 보험계약
2017. 2. 15.	메리츠화재, 2015년 보험계약 해지 / 채무부존재 확인 소송
3. 24.	사외이사들, 1차 보험금 청구 소송
7. 24.	메리츠화재 보험기간 종료
11. 14.	사외이사들, 2차 보험금 청구 소송

사외이사들은 2017년 3월 메리츠화재를 주위적 피고, KB손보를 예비적 피고로 하여[4], '손해배상청구 소송에 대한 방어비용 및 사외

---

4 '주위적·예비적 관계'란 1차적으로 주위적인 것이 받아들여지길 바라고, 주위적인 것이 받아들여지지 않으면 2차적으로 예비적인 것이 받아들여지길 바라는 관계를 말한다.

이사들에게 배상책임이 인정될 경우의 손해배상금을 보험금으로 지급해 달라'는 보험금 청구 소송1차 보험금 소송을 제기했다. 그런데 이 소송은 사외이사들에 대한 손해배상청구 소송의 결과가 나와야 진행될 수 있었고, 당시 사외이사들은 손해배상청구 소송에 대응하기 위한 변호사 비용을 지출해야 했기 때문에, 2017년 11월 메리츠화재를 주위적 피고, KB손보를 예비적 피고로 하여 먼저 손해배상청구 소송에 대한 방어비용을 보험금으로 지급해달라는 소송2차 보험금 소송을 추가로 제기했다.

법원의 판단

사외이사들이 제기한 2차 보험금 소송에서, KB손보와 메리츠화재는 '대우조선의 2015. 7. 22.자 공문이 정황통지에 해당하는지'에 관해 정반대의 주장을 하는 한편, '보험계약자인 대우조선의 고지의무위반에 따른 보험계약 해지·취소'를 주장했다. 사외이사들은 대우조선의 '정황통지' 여부에 따라 두 보험사 중 하나에게 책임이 있으며, 대우조선이 고지의무를 위반했더라도 '청약의 분리적용'을 규정한 약관 조항에 따라 사외이사들에게는 보험계약을 해지·취소할 수 없다고 반박했다.

2019년 1월 11일 제1심은 '2015. 7. 22.자 공문이 유효한 정황통지에 해당하며, 보험계약자의 고지의무위반이 있더라도 청약의 분리적용을 규정한 약관 조항에 따라 사외이사들에 대하여는 계약해지를 할 수 없다'고 판시하며 KB손보의 보험금 지급 책임을 인정했고,[5] 이 결론은 항소심 및 상고심에서도 그대로 유지되어 2020년 6월에 확정됐다.[6] 이에 따라 사외이사들은 손해배상청구 소송에 대한 방어비용 및 배상책임이 인정될 경우의 손해배상금을 KB손보로부터 보상받을 수 있게 됐다.

한편, 메리츠화재가 제기한 채무부존재확인 소송에서, 2019년 1월 31일 제1심은 '2015. 7. 22.자 공문이 유효한 정황통지에 해당하고, 전 대우조선 대표이사가 고의적인 법령위반행위로 인해 유죄판결을 받은 것'을 이유로 메리츠화재가 대우조선이나 전 대표이사에게 보험금을 지급할 책임이 없다는 판결을 선고했고[7], 이는 항소심 및 상고심에서도 유지되어 2020년 6월 확정됐다.[8]

사외이사들은 '손해배상청구 소송을 당해 입게 된 손해'를 KB손보로부터 받을 수 있게 됐으나, 손해배상청구 소송에서 모두 면책

---

5   서울중앙지방법원 2019. 1. 11. 선고 2017가합578912 판결.

6   서울고등법원 2019. 11. 8. 선고 2019나2009574 판결, 대법원 2020. 6. 25. 선고 2019다295377 판결.

7   서울중앙지방법원 2019. 1. 31. 선고 2017가합509169 판결. 법원은 대우조선의 고지의무위반에 따른 계약해지 등 메리츠화재의 나머지 주장에 관하여는 판단하지 않았다.

8   서울고등법원 2020 1. 22. 선고 2019나2017391 판결, 대법원 2020. 6. 11. 선고 2020다214992 판결.

되어 KB손보에 청구할 손해배상금 자체가 없게 되었다. 이로 인해 2022년 5월 사외이사들은 '손해배상청구 소송에서 배상책임이 인정될 경우의 손해배상금 지급'을 청구한 1차 보험금 소송에서 패소했고, KB손보는 사외이사들이 손해배상청구 소송에서 지출한 방어비용만 보상하면 되는 혜택을 얻게 됐다.

보험약관의 '정황통지' 조항

사외이사들이 제기한 2차 보험금 소송의 판결은 우리 법원이 최초로 D&O 보험약관의 '정황통지' 조항 및 '청약의 분리적용' 조항의 법적 효력에 관해 판단한 것으로, 향후 D&O 보험 관련 분쟁에서 중요한 선례가 될 것이다. 아래에서 각 조항에 관한 법리와 판례를 차례로 살펴본다.

대우조선 D&O 보험약관의 '정황통지' 규정

대우조선이 가입한 D&O 보험의 보장 내용은 다음과 같다.

- 담보조항 1 (피보험개인 보상) : 피보험개인이 그에 대하여 주장되는 부당행위로 인하여 보험기간 동안 그에게 최초로 제기된 청구(claim)에 의하여 법적으로 부담하게 되는 모든 손해(loss)를, 만일 피보험회

사가 피보험개인을 위하여 보상하여 주지 않을 경우, 피보험개인에게 지급한다.

피보험개인의 하나의 부당행위 또는 상호 연관된 부당행위들에 기인하여 발생하는 모든 손해는 하나의 손해로 간주되며, 그러한 손해는 피보험개인에 대하여 최초로 청구가 제기된 시점의 보험기간에 발생한 것으로 간주된다.

청구(claim)란 금전적 손해보상에 대한 서면 요청, 민사소송, 형사소송, 행정소송 또는 감독기관 소송을 의미하며, 그에 대한 항소를 포함한다.

손해(loss)란 피보험개인이 법적으로 지급책임을 지게 되는 전체 금액을 의미하며, 손해배상액, 판결액, 화해지급액, 비용, 방어비용 및 법적 대표비용을 포함하되 이에 한정되지 아니한다.

- 담보조항 2 (피보험회사 보상) : 만일 피보험회사(대우조선)가 '각각의 피보험개인이 부담하게 되는 모든 손해'를 법률에 의하여 허용되거나 요구되는 바에 따라 피보험개인에게 보상하여 주는 경우, 피보험회사에게 지급한다.

사외이사들에 대한 손해배상청구 소송은 메리츠화재의 보험기간 2015. 7. 25.~2016. 7. 24. 내인 2016년 7월 13일에 최초 제기됐다. 따라서 위 담보조항 1에 의하면, 사외이사들이 소송을 당해 부담하게 되는 모든 손해는 메리츠화재가 보상해야 한다. 그런데 대우조선의

D&O 보험약관에는 다음과 같은 '정황통지' 조항 및 '정황통지' 관련 면책조항이 있다.

- 제11조 (신고 및 통지)
피보험자들은, 이 증권에 규정된 그들의 권리를 행사하기 위한 전제조건으로서, 부당행위에 기인해 그들에게 제기된 모든 배상청구에 대하여 최대한 빠른 시간 내에 회사에 서면으로 이를 통지해야 한다. 만일 보험기간 동안 피보험자가 '배상청구를 야기할 수 있는 정황'을 인지하여 그러한 정황을 회사에 서면으로 통지하였다면, 그 정황으로부터 야기된 모든 추후의 배상청구는 그 정황이 최초로 회사에 신고된 보험기간 중에 제기된 것으로 간주된다.

- 제6조 (담보조항 1 및 2에 공통 적용되는 면책조항) (a)
어떠한 상황에 대한 통보가 이 증권이 승계 또는 대체한 이전 증권 하에서 이미 이루어진 경우, 그리고 그러한 통보의 결과로 그 이전 증권이 그러한 손해의 전부 또는 일부를 부보한 경우, 그러한 상황에 근거하여 피보험개인에 대하여 제기된 배상청구로 인해 발생한 손해에 대하여는 책임지지 아니한다.

따라서, 만일 대우조선이 2015. 7. 22.자 공문 발송을 통해 KB손보 측에 약관 제11조 2문에서 정하고 있는 "배상청구를 야기할 수 있는 정황"을 통지한 것이라면, 그 공문에 기재된 "정황으로부터 야기되는 모든 추후의 배상청구는 그 정황이 최초로 신고된 보험기간 중에 제기된 것으로 간주"되므로, KB손보는 그 보험기간이 끝난 뒤에도 그 공문상의 정황에서 기인하는 모든 청구에 대해 보험금 지급책임을 져야 한다. 그런 경우 약관 제(6)조 (a)에 따라 메리츠화재는 그러한 청구에 대하여 면책된다. 반면, 만약 대우조선의 2015. 7. 22.자 공문이 정황통지에 해당하지 않는다면, 메리츠화재는 자신의 보험기간 중에 제기된 모든 청구에 대해 책임져야 한다.

이러한 이유로, KB손보와 메리츠화재는 줄곧 대우조선이 KB손보로 보낸 공문이 약관상 정황통지에 해당하는지에 대해 정반대 주장을 하며 각기 책임을 부인했다.

'정황통지' 조항의 취지

D&O 보험은 '행위 발생 기준 보험occurrence-based policy'이 아니라 '청구 발생 기준 보험claims-made policy'으로 되어 있다. 즉, 이 보험은 언제 청구의 근거가 된 '행위'가 발생했는지에 상관없이 보험기간 중에 피보험자에게 최초 제기된 '청구'를 담보하며, 보험기간이 끝난 뒤에 제기되는 청구는 담보하지 않는다.

D&O 보험을 '행위 발생 기준'으로 하게 되면, 보험사는 보험기간 중에 일어난 행위를 이유로 언제 제기될지 모를 청구를 계속 담

보해야 하므로, 보험기간이 끝난 뒤에도 자신이 부담할 손해를 산정할 수 없고 장부도 마감할 수 없다. 이런 문제를 피하고자 '청구 발생 기준 보험'이 개발된 것이다.[9] 즉 D&O 보험을 '청구 발생 기준'으로 한 것은 보험사의 위험부담 기간을 보험기간으로 제한하여 위험부담의 불확실성을 줄이기 위한 것이다.

하지만 '청구 발생 기준'으로 인해 피보험자들은 보험이 없는 상태에 빠질 수 있다. 즉, 보험기간 중에 향후 청구를 야기할 수 있는 정황이 발생한 경우, 기존 보험사는 보험 갱신을 거부할 것이고, 타 보험사들은 보험을 인수하지 않거나 그 정황으로부터 야기될 청구는 보장 대상에서 제외하는 조건으로 보험을 인수하려고 한다. 어떤 경우든, 보험기간이 끝난 뒤 그 정황으로부터 청구가 야기되면, 피보험자는 보험의 보호를 받을 수 없다. 이러한 피보험자의 위험을 경감시키기 위해, 피보험자가 보험기간 중에 '배상청구를 야기할 수 있는 정황'을 보험사로 통지하면 추후 그 정황에서 기인하는 모든 청구는 정황통지 시점에서 제기된 것으로 간주해 그 시점의 보험계약에 따라 보장받을 수 있게 한 것이 '정황통지' 조항이다.

영국의 보험 중개업자가 설명하는 바와 같이[10], 대개 D&O 보험에

---

9 Wiley Rein, "Notice issues arising under claims-made policies: an overview"
10 Willis, Directors and Officers Liability and Insurance Glossary

서 '정황의 통지'는 피보험자의 의무가 아니라 피보험자가 그 '재량에 따라 잠재적인 청구potential claims를 통지할 권리'로 규정되어 있다. 대우조선의 D&O 보험약관도 그렇게 되어 있다. 약관 제11조 2문은 '만일 보험기간 동안 피보험자가 배상청구를 야기할 수 있는 정황을 보험사에 서면 통지하였다면'이라고 하여, 정황의 통지 여부를 피보험자의 재량에 맡기고 있다.

대우조선의 '정황통지' 여부에 대한 법원의 판단

미국의 경험을 보면, '정황통지'와 관련해 빈번히 문제가 되는 것이 통지의 구체성이다. 만일 막연히 '향후 청구가 제기될 수 있다'는 정도의 통지도 정황통지로 본다면, 피보험자들은 보험기간이 끝날 무렵에 그런 통지만 해두면 보험기간 종료 이후에 발생하는 청구에 대하여 이미 보험기간이 끝난 보험사로부터 보험금을 받을 수 있게 된다. 그렇게 되면, 보험사의 위험 노출을 보험기간으로 한정하고 그 기간에 맞추어 보험료를 정한 '청구 발생 기준 보험'의 구조 자체가 무너지게 된다. 이런 이유로 미국의 판례에서 '정황통지는 청구의 근거가 될 수 있는 부당행위를 밝히는 등 어느 정도 구체성을 갖추어야 한다'는 원칙이 확립되어 있다. 막연히 '어떤 상황이 청구를 야기할 수 있다'는 식의 '포괄적인 통지general notice'는 정황통지로서

불충분하다고 본다. Sigma 사건 판결[11]이 그런 판례의 하나다.

* **미국 법원의 Sigma 사건 판결 (2002)**

  본 법원은 청구 기준 보험에서의 통지는 충분히 구체적으로 이루어져야 한다는 것에 유념한다. 통지의 요건을 완화하는 것, 즉 광범하게 기술된, 나쁜 내용이나 구체성이 없는 진술에 의해 보험담보가 촉발되게 하는 것은 협상한 바 없는 보험의 확장을 허용하여, 청구 기준 보험의 핵심적인 특성 - 보험자의 위험 노출의 축소 및 피보험자를 위한 낮은 보험료 - 을 잠식할 것이다.

정황통지의 방법이나 요건은 약관에 따라 다르게 규정되어 있다. 대우조선의 D&O 보험약관은 "배상청구를 야기할 수 있는 정황"을 인지해 서면으로 통지할 것만 정하고 있을 뿐, 다른 통지 요건은 정하고 있지 않다. 이런 상황에서, 대우조선은 KB손보에게 "최근 언론에서 보도되고 있는 당사의 2분기 실적 등에 대한 보도로 인해 향후 보험금 청구가 있을 수 있다"고 기재한 공문을 보냈다.

사외이사들은, 이 공문은 분식회계 등 청구의 근거가 될 수 있는 부당행위에 대한 아무런 기술 없이 막연히 실적 악화로 인한 청구 가능성만 언급한 것이어서 정황통지로 볼 수 없으므로 메리츠화재

---

11 Sigma Financial Corporation v. American International Specialty Lines Insurance Co., 200 F. Supp. 2d 710 (E.D. Mich. 2002).

에게 보험금 지급 책임이 있으며, 만일 이 공문이 정황통지에 해당한다면 KB손보에게 책임이 있다고 주장했다. KB손보는 대우조선의 공문이 정황통지의 요건을 갖추지 못했다고 주장했고, 메리츠화재는 대우조선이 정황통지를 하는 것을 전제로 2015년 보험을 인수한 것이며, 대우조선이 정황통지를 한 것이 아니라면 자신이 대우조선의 기망으로 착오에 빠져 보험을 인수한 것이므로 보험계약을 취소한다고 주장했다.

법원은 '대우조선이 KB손보로 보낸 공문에 기재된 내용, 공문에서 언급한 당시 언론보도의 내용, 당시의 정황 등에 비추어 보면, 당시 청구를 초래할 수 있는 정황이 존재했고 대우조선의 공문은 그 정황을 구체적으로 통보한 것'이며, '공문 발송 경위로 볼 때 정황통지 의사로서 발송된 것'이라고 판단했다.

보험약관의 '청약의 분리적용' 조항

대우조선 D&O 보험약관의 '청약의 분리적용' 규정

대우조선 대표이사는 2014년도 보험 및 2015년도 보험에 가입할 때, "귀사의 어느 한 임원이라도 이 보험의 대상이 될 손해배상청구에 미칠지도 모를 행위, 과 또는 해태에 관한 지식, 정보 등을 알고 있는 경우가 있습니까?"라는 질문서의 항목에 대해 "해당사항 없음"이라고 답했다. KB손보는 대우조선의 2015. 7. 22.자 공문을 받자 곧바로 2015년 8월에 대우조선이 질문서에 허위 기재를 했다는 이유로 보험계약을 해지한 데 이어, 2019년 4월 항소심 진행 중에 민법 제110조 제1항[12]에 따른 계약 취소를 통보했다. 메리츠화재 또한 2017년 2월 '대우조선이 보험 질문서에 허위 기재를 하여 고지의무를 위반했다'며 보험계약 해지를 통보했다.

그런데 대우조선의 D&O 보험약관에는 다음과 같은 '청약의 완전 분리적용-full severability of application' 조항이 있다.

- 제21조(진술과 분리적용)

보험청약용 서면 신고서는 각 피보험개인에 의한 개별적 신고로 간주된다. 보험청약용 서면 신고서에 포함된 신고 및 진술 내용과 관련하여, 어떤 피보험개인에 의한 신고서 상의 어떠한 진술이나 어떤 피보험개인이 지니고 있는 지식은 담보 여부를 결정하는 데 있어 다른 어떤 피보험개인에게도 전가되지 아니한다.

---

12 민법 제110조(사기, 강박에 의한 의사표시) ①사기나 강박에 의한 의사표시는 취소할 수 있다.

'청약의 분리적용' 조항의 취지

일반적으로 보험청약용 서면 신고서는 대표이사, CFO 등 경영진이 작성, 서명한다. 그런데 경영진이 위법행위를 하거나 알고 있는 경우, 보험청약용 신고서에 그 사실을 기재할 리는 없으므로, 경영진의 위법행위는 거의 언제나 고지의무위반을 수반한다. 이러한 상황에서, 임원들에게 배상청구가 제기됐을 때 보험사가 보험계약자의 고지의무위반을 이유로 보험계약을 해지·취소하여 모든 피보험자에 대한 보험 책임을 면한다면, 보험금이 지급될 수 있는 경우 자체가 없어지고, 그렇게 되면 회사가 보험료를 내고 보험에 가입할 이유도 없게 된다.

이런 결과를 막기 위해 도입된 것이 '청약의 분리적용' 조항이다. 이 조항은 '비전가 조항non-imputation clause', '단독책임 조항'으로도 불리는데, 미국 전문가의 '분리적용' 조항의 목적과 취지에 관한 설명을 보면 그 이유를 알 수 있다.

* "What is Severability and Why is it Important?" Client
   Advisory, AmWINS Group, Inc.
   D&O 보험과 같은 전문분야 보험에서, 청약상 허위진술에 근거한 보험 취소는 무고한 피보험자들에게 다른 사람들의 행위로 인해 보험을 상실하는 가혹하고도 불공정한 효과를 초래할 것이다. 예

를 들어, 신청서 작성자가 고의로 허위 재무정보를 제출하면, 보험사는 보험 전체를 취소해서 거짓 재무정보가 제공된 것을 모르는 무고한 피보험자들에게까지 담보를 거부할 수 있다. 이 문제를 시정하기 위해 "청약의 분리적용"이라는 개념이 발전되었다.

"완전 분리적용"이란 보험 취소나 담보 거부에 있어 어떤 사람의 악행이나 지식이 다른 무고한 피보험개인에게 전가되지 아니한다는 것이다. 허위고지에 실제로 관여했거나 허위고지를 알았던 사람들만이 벌을 받는 것이다. 그리하여, 만약 보험청약에서 CFO가 고의로 보험사에 거짓 재무제표를 제출하고 CEO도 이 위반행위에 대해 알고 있다면, 그 CFO와 CEO만이 보험 담보 취소의 대상이 된다. 사실상 이는 각 피보험개인에게 별개의 보험증권이 발급되었다는 것이고, 보험 면책사유 행위(예컨대, 청약에서의 거짓 고지)는 잘못이 있는 사람에 대한 보험 담보에만 영향을 미친다는 것이다.

분리적용 조항은 그 분리의 범위에 따라 '완전 분리적용full severability clause' 조항과 '제한 분리적용limited severability clause' 조항으로 구분될 수 있다. '제한 분리적용' 조항은 분리 취급의 범위에 일정한 제한이나 예외를 둔 것으로, '피보험개인 간의 진술이나 지식의 비전가'를 규정하면서 비전가 대상에서 '청약서 서명자나 특정 임원의 지식'은 제외하는 경우가 이에 해당한다. '완전 분리적용' 조항은 어떤 경우에도 피보험자별로 별개의 보험계약이 체결된 것으로 취급하고 '피보험개인 간 진술이나 지식의 비전가'에 대해 아무런 제한도 두지 않는 경우를 말한다. 대우조선 D&O 보험약관의 제 21조는 '완전 분리적용' 조항이다.

'청약의 분리적용 조항'에 관한 미국 판례

미국의 법원들은 보험약관에 '청약의 완전 분리적용' 조항이 있는 경우에는 보험계약자가 고지의무를 위반했더라도 그와 무관한 피보험개인에 대하여는 보험을 취소할 수 없다고 일관되게 판결하고 있다.[13] 2004년의 HealthSouth 판결[14]이 대표적인 판례로 인용된다.

HealthSouth 사건에서, 보험사들은 HealthSouth사가 허위고지를 하고 보험계약을 체결했으므로 보험이 '애초부터 무효void ab initio'라고 주장했다. 그런데 해당 보험약관에는 대우조선 D&O 보험약관 제21조와 문언이 같은 '완전 분리적용' 조항이 있었다. 보험사들은 '보험계약자에게는 분리적용 조항이 적용되지 않으며, 따라서 HealthSouth사의 허위고지를 이유로 모든 피보험자에 대하여 보험계약을 취소할 수 있다'고 하여, KB손보의 주장과 같은 주장을 했

---

13 1985년의 Shapiro v. American Home Assurance 판결, 1988년의 Atlantic Permanent Federal Savings & Loan Association v. American Casualty 판결, 1990년의 Wedtech. v. Federal Insurance 판결, 2004년의 HealthSouth 판결 등.

14 In Re HealthSouth Corp. Insurance Litigation 308 F.Supp. 2d 1253 (N. D. Ala 2004)

다. 그러나 법원은 이를 '완전히 잘못된 해석'이라며 배척하고, '개별 피보험개인이 보험계약자의 허위고지 사실을 알고 있었다는 입증이 없으면 그 피보험자에 대해 보험을 취소할 수 없다'고 판결했다.

* **'청약의 분리적용 조항'의 효력에 관한 미국 HealthSouth 판결**

보험사들은, 분리적용 조항이 피보험회사의 진술이나 지식을 피보험개인으로 귀속시키는 것을 배제하지는 않기 때문에, HealthSouth의 허위 재무제표가 모든 피보험개인에게 전가될 수 있고, 따라서 모두에 대한 보험 취소가 정당하다고 주장한다. 이 주장의 논리적 결론은 HealthSouth의 재무제표에 담긴 정보가, 피보험개인이 허위진술을 했는지 또는 HealthSouth가 했다는 허위진술을 알았는지에 상관없이, 개개의 피보험개인들에게 귀속된다는 것이다.

이 주장은 분리적용 조항을 완전히 잘못 해석하는 것으로, 황당한 결과를 만들어낸다. Federal의 분리적용 조항은 다음과 같다: "신청서상의 어떠한 진술이나 어떤 피보험개인이 지니고 있는 지식은 담보 여부를 결정하는 데 있어 다른 어떤 피보험개인에게도 전가되지 아니한다." 논리적으로 이 규정에 언급된 신청서는 HealthSouth가 제출한 신청서다. 또한 분리적용 조항은 HealthSouth의 신청서는 "피보험개인 각자에 의한 별개 신청으로 간주된다"고 규정하고 있다. 분리적용 조항은 HealthSouth의 신청서상의 진술 및 어떤 피보험개인이 지니고 있는 지식 모두에 대해 적용된다. 이 조항에 의하여, 각 피보험개인에 대한 보험 취소에 있어서 관련 요소는 각 피보험자가 지니고 있는 지식이 된다. 개별 피보험개인이 HealthSouth의 허위진술을 알고 있었다는 입증이 없으면, 분리적용 조항은 그 피보험자에 대한 보험 취소를 배제한다.

나아가 법원은 "피보험회사가 모든 진술과 문서 제출을 하는 자이므로, 보험사들의 주장대로 약관을 해석하는 것은 모든 경우에 분리적용을 침해할 것이고, 그러한 상황이라면 D&O 보험의 담보는 완전히 환상에 불과할 것"이며, "그러한 해석은 보험의 명백한 의도에 반하고, 애초에 D&O 보험에 가입하는 동기, 즉 임원과 이사들을 회사의 행위로 인한 책임으로부터 보호한다는 목적을 무시하는 것"이라며, "보험약관의 문언이 그러한 주장을 뒷받침하지 않을 뿐만 아니라 그러한 주장은 황당한 결과를 초래하기 때문에 성립될 수 없다"고 판시했다.

분리적용 조항에서 분리의 범위에 일정 예외나 제한을 둔 경우에는, 모든 피보험자에 대한 보험 취소를 인정한 판례가 다수 있다.[15]

---

15 1988년의 First State Insurance v. Federal Savings & Loan Insurance 판결, 2005년의 Cutter & Buck v. Genesis Insurance 판결, 2015년의 Illinois State Bar Association Mutual Insurance v. Law Office of Tuzzolino & Terpinas 판결 등.

Cutter & Buck 사건에서 문제가 된 분리적용 조항은 분리의 대상에서 청약서 서명자가 알고 있는 중요 정보를 제외했는데, 법원은 'Cutter & Buck의 청약서 서명자CFO가 허위고지 사실을 알고 있었으므로 그의 지식은 다른 임원들에게도 전가되며, 따라서 보험사는 모든 임원에 대해 보험을 취소할 권리가 있다'고 판결했다.[16]

보험약관에 '청약의 분리적용' 조항이 아예 없는 경우에, 법원은 모든 피보험자에 대한 보험 취소를 인정하면서, '분리적용 조항이 있었다면 선량한 피보험자들에 대한 보험 취소를 피할 수 있었을 것'이라고 판시했다.[17] 예를 들어, Shapiro 사건에서 법원은 '다른 피보험자의 사기행위로 인한 보험 상실로부터 선량한 피보험자를 보호해주는 보험계약을 체결하는데 어떤 법적 장애물도 없고, 계약 당사자들이 선량한 피보험자들에 대한 보호를 명시적으로 제공하는 계약을 협상하지 못할 이유가 없는데도, 그렇게 하지 않았다'고 지적했다.[18]

---

16 Cutter & Buck, Inc. v. Genesis Insurance Co., 306 F. Supp. 2d 988 (W.D. Wash. 2004), aff'd, 2005 WL 1799397 (9th Cir. Aug. 1, 2005)

17 1984년의 Shapiro v. American Home Assurance 판결, 1992년의 National Union Fire Ins. v. Sahlen 판결, 2006년의 TIG Insurance Co. of Michigan v. Homestore 판결, 2013년의 Continental Casualty Co. v. Marshall Granger & Co. 판결 등.

18 Shapiro v. American Home Assurance Co., 584 F.Supp. 1245 (D.Mass. 1984)

대우조선 D&O 보험약관의 '분리적용' 조항의 효력에 대한 법원의 판단

메리츠화재는 "약관 제21조에 의해 보험청약용 서면 신고서는 각 피보험개인에 의한 개별적 신고로 간주되므로, 보험계약자인 대우조선의 고지의무위반은 피보험개인의 고지의무위반으로 볼 수 있다"고 주장했고, KB손보는 "보험계약이 하나의 계약으로 체결된 이상, 보험계약자의 고지의무위반으로 보험계약이 해지되는 경우 전체 보험계약이 소멸되며, 보험계약자의 고지의무위반에 대해 분리적용 조항이 적용되는 것은 계약해지의 불가분성을 규정하고 있는 민법 제547조[19]에 반한다"고 주장했다. 이들은 보험계약 체결 당시 사외이사들이 대우조선의 분식회계 사실을 알고 있었다는 주장도 펼쳤다.

이에 대해, 사외이사들은 '청약의 분리적용' 조항의 법적 효력에 관해 판단한 미국의 HealthSouth 판결 등을 제시하며, "대우조선이 고지의무를 위반했더라도 약관 제21조의 분리적용 규정에 의해 고지의무위반에 따른 계약해지나 취소의 효력이 고지의무위반을 알지 못한 사외이사들에게는 미치지 않는다"고 주장했다. 그리고 '고지의무위반으로 인한 계약해지에 관한 상법 제651조, 해지의 불가분성에 관한 민법 제547조, 민법 제110조는 임의규정에 불과하므로 그

---

19 민법 제547조(해지, 해제권의 불가분성) ① 당사자의 일방 또는 쌍방이 수인인 경우에는 계약의 해지나 해제는 그 전원으로부터 또는 전원에 대하여 하여야 한다.

와 다른 내용의 약관 조항이 있다면 그 조항이 우선 적용된다'는 점도 지적했다.

법원은 'KB손보가 전제로 하고 있는 계약해지의 불가분성은 당사자들 사이의 약정에 따라 달리 정할 수 없는 강행규정으로 볼 수 없고, 보험계약자의 고지의무위반을 이유로 보험계약을 해지했다고 하더라도 약관 제21조에 따라 보험계약자의 진술이나 지식 등을 사외이사들에게 전가할 수 없으므로, 사외이사들에 대하여 보험금 지급을 거절할 수 없다'고 판시했다. 이 판결은 우리 법원이 최초로 D&O 보험약관의 '청약의 분리적용' 조항의 법적 효력에 관해 판단한 것으로, 향후 D&O 보험 관련 분쟁에서 중요한 선례가 될 것이다.

회사 임원들이 확인해야 하는 보험약관 조항

회사가 D&O 보험에 가입해 있으면, 임원들은 자신에 대한 배상청구 등이 제기될 때 보험의 보호를 받을 것으로 생각한다. 하지만 이는 환상일 수 있다. 회사가 가입한 보험의 약관에 '정황통지' 조항과 '청약의 완전 분리적용' 조항이 없으면, 막상 보험이 필요해질 때 보험이 없을 수 있다.

기존 보험의 보험기간 중에 '향후 임원들에 대한 배상청구를 야기할 수 있는 정황'이 발생하면, 보험사들은 앞으로 보험금 청구가 있을 것으로 예상해 보험 갱신을 거부하거나, 발생한 정황에서 야기되는 청구는 보장 대상에서 제외하고 보험을 인수하려고 한다. 이때 기존 보험약관에 '정황통지' 조항이 있다면, 임원들은 보험계약 만료 전에 보험사로 '청구를 야기할 수 있는 정황'을 통지함으로써 보험기간이 끝난 뒤에도 그 정황으로부터 야기되는 청구에 대한 보험담보를 확보할 수 있다.

보험기간 중에 임원들에 대한 청구가 발생했거나, 회사 또는 임원이 '향후 청구를 야기할 수 있는 정황'을 보험사로 통지했더라도, 보험계약 자체가 해지·취소되면 보험금을 받을 수 없다. 회사의 대표이사 등 경영진이 위법행위를 하는 경우, 거의 언제나 그 사실을 숨기고 보험에 가입하는데, 나중에 회사의 위법행위로 인해 임원들에게 청구가 제기되면, 그때 보험사는 회사의 허위고지를 이유로 보험계약을 해지·취소한다. 이때 보험약관에 '청약의 완전 분리적용' 조항이 있다면, 회사가 허위고지를 하고 보험에 가입했더라도 회사의 위법행위 사실을 알지 못했던 피보험자들은 보험 혜택을 받을 수 있다. 보험사들이 대우조선의 고지의무위반을 이유로 보험계약을 해지·취소했음에도 불구하고 사외이사들이 보험금을 받을 수 있게 된 것은 대우조선의 D&O 보험약관 제21조가 '청약의 완전 분리적용'을 규정하고 있었기 때문이다.

부록

대우조선
사외이사들에 대한
면책 판결

1. 국민연금공단 사건 판결

(서울중앙지방법원 2016가합541234 판결)

사외이사의 상당한 주의에 대한 판단 기준

대우조선은 총공사예정원가 임의 축소에 의한 매출액 과대 계상, 장기매출채권에 대한 대손충당금 과소 계상, 부실 해외 자회사에 대한 투자주식 및 대여금 등의 손상차손 과소 계상 등의 방법으로 분식회계를 하였다. 이러한 분식회계 사항들은 전문적인 회계영역에 속하는 것으로 회계법인이 대우조선의 재무제표를 검토하면서 검증하는 사항이다. 따라서 회계전문가가 아닌 사외이사들은 회계전문가이자 독립된 외부감사인으로서 객관적이고 정확한 회계감사 결과를 보고할 것으로 기대되는 안진회계법인의 재무제표에 대한 감사의견, 검토의견에 의존할 수밖에 없는데, 안진회계법인은 대우조선이 작성한 재무제표에 대하여 적정의견을 표명했다.

그러므로 사외이사들이 재무제표에 나타난 수치의 불연속, 급격한 증감, 계정간의 모순점 등이 있는지 살펴보고, 이에 관하여 회사의 경영진, 담당자 및 안진회계법인의 회계사에게 질의하거나 관련 자료를 요구하는 등으로 재무제표에 허위 기재를 의심할 만한 사정이 있는지 조사하였다면, '사외이사의 지위에 따라 합리적으로 기대되는 조사'를 하였다고 볼 수 있고, 그럼에도 허위 기재가 있다고 의심할 만한 합리적인 근거가 없었고 실제로 그렇게 믿었다면 '허위 기재가 없다고 믿을 만한 합리적인 근거가 있었고 또한 실제로 그렇게 믿었음'이 증명되었다고 봄이 타당하다.

그 지위에 따라 합리적으로 기대되는 조사를 하였는지 여부

사외이사들은 재직기간 동안 개최된 거의 모든 이사회 및 감사위원회에 참석했다. 사외이사들은 이사회에서 월간 손익실적을 보고받은 다음 매출액 및 영업이익 등 주요 계정의 증감이유, 재무상황, 관련 문제점의 해결방안 등에 관하여 질의하였고, 그밖에 상정된 의안과 관련하여 적극적으로 의견을 개진하고 의안을 가결할 필요성 등에 관하여 구체적으로 질문하였다. 또한, 감사위원회에 참석하여 회계법인의 재무제표 검토 결과를 보고받고, 주요 계정의 증감원인, 회사의 수익구조 등을 질의하는 방법으로 회계처리의 적정성을 검토하고, 당시 직면한 문제점의 해결방안 등에 대해 논의하였다. 이와 같이 사외이사들은 사외이사 및 감사위원으로서의 직무를 실질적으로 수행하면서, 회사가 작성한 재무제표의 적정성 등에 관하여 조사하였다.

구체적으로, 공사예정원가와 관련하여, 회계법인은 감사위원회에서 공사예정원가 편성, 공사손실충당부채 계상, 장기매출채권 손상 등을 감사위험으로 파악하고 있고, 2014년에 공사예정원가에 대한 검토를 강화하겠다는 감사계획을 보고하였다. 사외이사들은 실제 집행한 금액이 당초 추정치와 차이가 발생하는 이유에 대해 질의하여 그 설명을 들었고, 이사회에서 CFO로부터 해양플랜트 부분에 대하여 공사손실충당금을 꾸준히 반영해오고 있다는 설명을 들었다.

장기매출채권과 관련하여, 사외이사들은 장기매출채권의 상환조건 변경 등이 이사회 의안으로 상정된 경우, 경영진에게 선주사의 생존 가능성, 회계상의 처리방안 등에 대하여 질의하였고, 경영진은 그동안 장기매출채권에 대한 충당금을 어느 정도 적립하였고 앞으로 어떻게 처리할 것인지에 대하여 답변했다. 회계법인은 감사위원회에서 장기매출채권에 대한 대손충당금을 설정한 내역을 보고하고, 이를 포함한 회사의 재무제표가 적정하다는 취지의 검토의견을 밝혔다.

자회사로부터 발생한 손상과 관련하여, 사외이사들은 이사회에서 미반영 손상차손에 대하여 질의하였고, 경영진으로부터 발생한 손상의 항목, 규모 및 전망에 관한 설명을 들었다. 경영진은 발생한 손실에 대해 충당금을 더 적립하거나 대손처리를 할 계획이라고 설명하였다.

위와 같이 사외이사들은 이사회, 감사위원회에서 재무제표 중 주요 계정의 증감이유 등에 대해 조사하면서, 총공사예정원가, 장기매출채권, 자회사와 관련하여 발생한 손상 및 회계처리에 대해 질의하고, 경영진으로부터 이에 대한 답변 또는 설명을 들었으며, 이는 회계법인이 적정의견을 표명한 재무제표에 의해 뒷받침되었다.

이러한 사정을 종합하면, 사외이사들은 회사 작성의 재무제표에 허위 기재가 있다고 의심할 만한 사정이 있는지 합리적으로 조사하였다고 봄이 타당하므로, 사외이사의 지위에 따라 합리적으로 기대되는 조사를 한 것이다.

허위 기재가 없다고 믿을 만한 합리적인 근거가 있었고 또한 실제로 그렇게 믿었는지 여부

대우조선의 경영진은 공사손실충당금에 관한 보고서를 삭제하는 등으로 분식회계를 의심하게 할 만한 내부정보가 사외이사들에게 노출되지 않도록 하였다. 이사회 및 감사위원회에는 분식된 재무수치와 그러한 수치의 신뢰성을 뒷받침하기 위한 자료만 제출되었고, 이는 회계법인이 적정의견을 표명한 재무제표에 기재되어 있는 것이었으며, 회계법인의 공인회계사들은 감사위원회에 출석하여 위 재무수치를 기준으로 사외이사들의 질문에 답변하거나 현안을 설명하였다.

대우조선 직원인 박모 등은 수사기관에서 조사받을 당시 '직원 대부분이 회사가 실제 손실을 보고 있는데도 회계장부상으로 2013년도 및 2014년도에 계속하여 흑자를 달성하는 것에 대하여 의구심을 가지고 있었다'는 취지로 진술했다. 그러나 이들은 회계, 실행예산 관련 부서에 근무하거나 이 사건 분식회계 관련 내부정보에 접근할 수 있었던 임·직원들로 보이는 점, 경영진은 임·직원들에게 분식회계를 비밀로 하도록 지시하였고 이사회, 감사위원회에는 분식된 재무정보만 제공되었던 점 등에 비추어 보면, 각자 별도의 직업이 있고 주로 이사회나 감사위원회가 개최될 때에 단속적으로 회사에 방문하는 사외이사들이 위와 같은 사정을 알고 있었다거나 알 수 있었다고 단정할 수 없다.

언론과 증권사들은 2014. 4.경부터 2015. 5. 초경까지 대우조선의 수주실적이 우수함을 근거로 향후 수익성(영업이익)을 긍정적으로 전망하는 내용의 기사, 보고서를 다수 게재하였다. 같은 기간 동안 대우조선이 해양플랜트 부문에서 큰 손실을 입었음에도 이를 반영하지 않았다거나 큰 부실을 안고 있다는 취지의 언론 기사가 보도되었으나, 대우조선이 해양플랜트 부문 손실충당금을 분기별로 미리 반영해와서 큰 충격이나 장래의 위험부담이 적다는 취지의 언론 기사 역시 보도되었다. 또한, CFO는 이사회에서 해양플랜트 부분에 대하여 공사손실충담금을 꾸준히 반영해오고 있다고 설명했고, 회계법인은 감사위원회에서 해양플랜트 등 미경험 프로젝트 손실이

2014년 3분기 이전에 실현되었다는 내용이 기재된 보고자료를 제출하기도 하였다.

산업은행은 대우조선에 대한 주채권은행이자 최대주주 및 2대 주주인 대한민국 지분의 관리대행자로서, 대우조선의 경영건전화와 재무구조개선을 유도하는 등의 역할을 맡아 왔고, 그 일환으로 대우조선의 CFO와 비상무이사를 선임하여 대우조선의 경영을 관리·감독하여 왔다. 그러나 산업은행에서 선임한 CFO는 사외이사들에게 분식회계를 숨겼고, 비상무이사들은 이사회나 감사위원회에서 분식회계에 관한 의혹을 제기한 적이 없었다. 또한, 산업은행의 외부감사인인 삼정회계법인은 산업은행에 대한 회계감사절차의 일환으로 대우조선의 회계처리 및 회계법인이 수행하고 있는 회계감사의 적정성을 매년 점검하였으나, 감사보고서에 대우조선의 재무제표에 대하여 이견을 표명한 적이 없었다.

이러한 사정 등을 종합하면, 사외이사들이 위와 같은 조사 결과 재무제표에 허위 기재가 있다고 의심할 만한 합리적인 근거가 없었고 실제로 그렇게 믿었다고 봄이 타당하다. 사외이사들이 위 재무제표에 '허위 기재가 없다고 믿을 만한 합리적인 근거가 있었고 또한 실제로 그렇게 믿었음'이 증명되었다.

판 단

사외이사들이 상당한 주의를 하였음에도 불구하고 재무제표에 분식회계로 인한 허위의 기재가 있었음을 알 수 없었다고 봄이 타당하므로, 사외이사들은 자본시장법 제162조 제1항 단서에 따라 배상책임을 지지 아니한다. 사외이사들이 감사위원으로서 2013회계연도 사업보고서 및 2014회계연도 사업보고서에 각 첨부된 감사보고서에 자기의 의견이 기재되는 것에 동의하고 그 기재 내용을 확인하여 자본시장법 제162조 제1항 제4호에서 정한 자에 해당한다 하더라도, 자본시장법 제162조 제1항 단서에 의해 면책되는 것은 마찬가지이다. 또한 위와 같은 사정에 비추어 보면, 사외이사들에게 민법상 불법행위책임이 성립한다고 볼 수 없으므로, 원고의 사외이사들에 대한 예비적 청구에 관한 주장 역시 이유 없다.

2. 대한민국(우정사업본부) 사건 판결
(서울중앙지방법원 2016가합541982 판결)

① 이 사건 분식회계로 인하여 재무제표에 거짓 기재된 부분은 회계처리와 관련된 전문적인 영역에 속한다. 그런데 회계 비전문가들인 사외이사들은 자신의 전문 영역이 아닌 부분을 평가할 전문적인 능력이나 여건이 갖추어지지 아니하여 직접 이를 조사·검증한다고 하더라도 그 오류를 발견하거나 확인할 수 있는 가능성이 적고, 오류를 발견하여 수정한다고 하더라도 이는 비전문가가 전문가의 의견을 수정하는 것이 되어 오히려 그 신뢰성이 낮아지게 된다. 따라서 사외이사들은 회사의 정보를 평가함에 있어서 해당 영역의 전문가에 의해 제공된 정보인 경우에는 특별한 사정이 없는 한 이를 신뢰하고 이에 기초하여 의견을 형성하는 것이 오히려 바람직한 측면이 있다.

② 사외이사들의 재무제표에 대한 보고 내지 승인은 감사위원회에서 이루어졌다. 그런데 대우조선의 재무제표 등에 대하여 감사를 실시한 회계법인은 감사위원회에서 문제없다는 검토의견을 제시하였을 뿐 회계기준에 부합하지 않는 재무상태의 문제점을 지적한 적이 전혀 없으며, 사외이사들은 각 감사위원회에 모두 참석하여 재무제표 중 주요 계정의 증감원인 등 의문점에 대하여 구체적으로 질문

을 하기도 하였는바, 회계 비전문가들인 사외이사들이 합리적 근거 없이 대형 회계법인이 검토한 재무제표가 진실하지 않을 수 있다는 전제하에서 이를 독자적으로 검증·조사하여야 할 의무까지 부담한다거나, 독자적인 재검증이 사외이사들의 지위에 따라 합리적으로 기대되는 조사에 해당한다고 볼 수는 없다.

③ 사외이사들은 이사회 및 감사위원회에 거의 대부분 참석하였고, 이사회에서는 회계팀장 및 재무팀장으로부터 매월 손익실적을 보고받고, 감사위원회에서는 회계법인으로부터 분기 및 반기별 회계검토결과를 보고받았는데, 회계법인은 회사의 분기, 반기 등 재무제표에 대하여 모두 적정의견 또는 적정의견 예정이라고 표명하였을 뿐이므로, 사외이사들로서는 위 재무제표의 내용이 진실하지 않을 수 있다고 의심할 만한 합리적 근거를 찾기 어려웠을 것이다. 또한 사외이사들은 위 각 이사회 및 감사위원회에서 회사의 재무제표, 손익실적 등에 관한 안건에 대하여 회사의 수주실적, 이익률, 부채비율의 증감원인, 재무 안전성 등에 대하여 담당자들과 구체적인 질의·답변 절차를 거친 다음 승인 결의를 하였고 만연히 안건을 가결하지는 않았는바, 사외이사들이 이사 및 감사위원으로서의 역할을 소홀히 하였다고 보이지 않는다.

④ 특히 대우조선의 분식회계는 해양플랜트 및 선박 수주사업의 실행예산 등을 조작하는 방법으로 이루어졌는데, 대우조선은 이사

회 보고 대상인 '중요 경영사항'에 수주심의 관련 사항을 반영하지 않음으로써 해양플랜트 및 선박 계약을 이사회에 보고하지 않았기 때문에 사외이사들은 해양플랜트 및 선박 수주사업의 구체적인 내용을 파악하는 것 자체가 어려웠다. 또한 분식회계 사실을 공유하는 대표이사, CFO 및 경영기획부, 경영관리팀, 경영지원본부의 일부 임직원은 이사회에서 사외이사들에게 회계팀이 별도로 작성하여 분식회계를 의심하기 어려운 손익자료를 제공하였으며, 회계법인 역시 2013회계연도 및 2014회계연도의 재무제표를 검토하는 과정에서 회사가 회계기준을 위반하고 있다는 사실을 발견하였음에도 이를 묵인하여 주었는바, 사외이사들로서는 상당한 주의를 다하였더라도 이 사건 분식회계 사실을 알 수는 없었을 것으로 판단된다.

⑤ 원고는, 사외이사들의 재임기간 중에 대우조선의 분식회계를 의심하는 언론보도가 있었고, 회사 임직원들 내부에서도 분식회계에 대한 소문이 널리 알려져 있었으므로, 사외이사들이 상당한 주의를 다하였더라면 분식회계를 알 수 있었다고 주장한다.

살피건대, 대우조선 직원들이나 업계 관계자들 일부는 이 사건 분식회계 사실 또는 그 유사 정보를 미리 알고 있었다고 보이기는 한다. 그러나, ㉠ 대우조선 직원들 전체에 이 사건 분식회계 사실이 공공연히 퍼져 있었다는 박모 등의 진술은 추측성 발언으로 보이고, 수사기관에서 분식회계 사실을 알지 못하였다고 진술한 임직원도 있는 점, ⓒ 사외이사들은 상근하지 않았고, 분식회계 사실을 공유하는 회사 임직원의 적극적인 은폐와 회계법인의 묵인으로 분식회계 관련 정보에 접근할 수 없었던 점, ⓒ 앞서 본 언론보도 내용이 분식회계의 가능성을 언급한 것으로 보이지는 않고, 동일한 기간 동안 대우조선의 실적과 선박 수주 등이 양호하다는 내용의 언론보도도 다수 있었던 점, ⓔ 증권사들은 2013. 5.경부터 2015. 7.경까지 지속적으로 대우조선 주식에 대한 매수 의견이 담긴 리포트를 작성하였고, 조선업종 내 최선호주로 추천하기도 한 점, ⓜ 사외이사들 중 일부는 이 사건 분식회계를 방조하였다는 자본시장법 위반 및 외부감사법 위반 혐의에 대하여 각 혐의없음 처분을 받은 점 등에 비추어 보면, 사외이사들이 상당한 주의를 다하지 않아 이 사건 분식회계 사실을 파악하지 못하였다고 보기는 어렵다.

따라서 사외이사들의 면책 항변은 이유 있으므로, 원고의 사외이사들에 대한 자본시장법 제162조 제1항 제1, 4호에 따른 손해배상청구는 이유 없다. 이 사건 분식회계와 관련하여 사외이사들이 업무집행과 관련한 위법행위를 저질렀다고 인정할 증거도 없으므로, 원고의 사외이사들에 대한 예비적 청구민법에 따른 손해배상청구도 이유 없다.

나는 대우조선의 사외이사였다

초판 1쇄 2022년 8월 1일

지은이 신광식
발행인 박종민
편 집 이재원
디자인 홍선우
인 쇄 (주)월드인쇄

발행처 도서출판 나루
주 소 포항시 북구 우창동로 80
전 화 054-255-3677
팩 스 054-255-3678
ISBN 979-11-978559-3-1 03320